성공사례 따라하면 성공하는

예창, 재창, 초창, 창도
사업계획서 작성법

성공사례 따라하면 성공하는
예창, 재창, 초창, 창도 사업계획서 작성법

초판 1쇄 발행 2020년 11월 1일
초판 2쇄 발행 2024년 1월 25일

지은이 홍승민
펴낸이 장길수
펴낸곳 지식과감성#
출판등록 제2012-000081호

교정 및 편집 지식과감성#
마케팅 김윤길, 정은혜

주소 서울시 금천구 벚꽃로298 대륭포스트타워6차 1212호
전화 070-4651-3730~4
팩스 070-4325-7006
이메일 ksbookup@naver.com
홈페이지 www.knsbookup.com

ISBN 979-11-6552-512-5(93320)
값 14,000원

- 이 책의 판권은 지은이에게 있습니다.
- 이 책 내용의 전부 또는 일부를 재사용하려면 반드시 지은이의 서면 동의를 받아야 합니다.
- 잘못된 책은 구입하신 곳에서 바꾸어 드립니다.
- 이 도서의 국립중앙도서관 출판예정도서목록(CIP)은 서지정보유통지원시스템 홈페이지(http://seoji.nl.go.kr)와 국가자료공동목록시스템(http://www.nl.go.kr/kolisnet)에서 이용하실 수 있습니다. (CIP제어번호 : CIP2020045074)

지식과감성#
홈페이지 바로가기

성공사례 따라하면 성공하는

예창 ✕ 초창
재창 ✕ 창도

사업계획서 작성법

사 업 계 획 서 작 성 가 이 드 북

홍승민 지음

지식감정

시작하는 글

　창업진흥원에서 주로 진행하는 예비창업패키지 지원사업, 초기창업패키지 지원사업, 창업도약패키지 지원사업, 청년창업사관학교를 비롯하여 다양한 지원사업이 있습니다. 그리고 패키지 지원사업 이외에도 마케팅이나 해외진출 등 다양한 지원사업이 있습니다. 이들의 공통점은 사업계획서 양식이 비슷하다는 것입니다. '문제인식', '실현가능성', '성장전략', '팀 구성'으로 되어 있습니다. 본 책은 창업진흥원에서 진행하는 지원사업을 위한 '사업계획서 작성 가이드 북'이라고 보시면 좋겠습니다. 현재 시장에는 과거 운이 좋게 합격한 사업계획서를 활용하여 이른바 '컨설턴트'라고 하시는 분들이 본인의 것인지도 불분명한 사업계획서로 장사를 하시는 경우가 매우 많습니다. 그로 인해 우리 스타트업이나 초기창업기업이 심각한 피해를 보고 있어, 중소벤처기업부는 이런 피해를 방지하고자 매우 엄격하게 금지하고 있습니다. 하지만 현실은 그렇지 않습니다. 이에 저는 '이래서 나와 같은 경영지도사가 책을 빨리 출간해야 우리 스타트업이 피해를 보지 않겠구나' 하는 생각에 책을 출간하게 되었습니다. 본 책은 지원사업별 다른 사업계획서를 예시

로 작성하여 사용자의 편의성을 고려하였습니다. 다만 아쉬운 것은 실제 사례를 중심으로 하다 보니, 사업계획서 작성예시에 한계가 있었습니다. 그런 이유로 일부 항목은 책을 출간하기 위해 새로이 창작한 것들도 있습니다. 넓게 양해 부탁드리며, 사업계획서 작성과 관련해서 One Point 멘토링이 필요하신 분들은 언제든 연락 주십시오. 제가 친절하게 상담 드리겠습니다.

wang5177@naver.com으로 메일 주시거나 포털사이트에서 '홍승민 경영컨설팅'을 검색하시어 저희 홈페이지나, 저희 블로그에 오셔서 연락 주시면 답변드리겠습니다.

제 책을 읽고 준비하시는 모든 대표님들이 꼭 과제 선정되기를 희망하고 바랍니다. 감사합니다.

군포에서 홍승민 드림

목차

시작하는 글 · 4

1. 창업자의 자세 · 9
2. 꼭 창업진흥원 과제를 해야 하는가? · 23
3. 아이템 선정 · 33
4. K-START UP 준비하기 · 49
5. 창업진흥원 사업계획서 기준으로 작성하는 사업계획서 작성법 · 57
6. 사업공고를 기준으로 준비하는 예비창업패키지 지원사업 · 79
7. 공통 - 창업아이템 개요 작성하기 · 91
8. 예비창업패키지 지원사업 사업계획서 작성하기 · 99
9. 사업공고를 기준으로 준비하는 재도전창업패키지 지원사업 · 127
10. 재도전창업패키지 지원사업 사업계획서 작성하기 · 135
11. 사업공고를 기준으로 준비하는 초기창업패키지 지원사업 · 171
12. 초기창업패키지 지원사업 사업계획서 작성하기 · 179
13. 사업공고를 기준으로 준비하는 창업도약패키지 지원사업 · 204
14. 창업도약패키지 지원사업 사업계획서 작성하기 · 211
15. 최종 사업계획서 확인 그리고 발표를 기다리면서 · 249
16. 대면평가 무엇을 준비하나? · 257

1
창업자의 자세

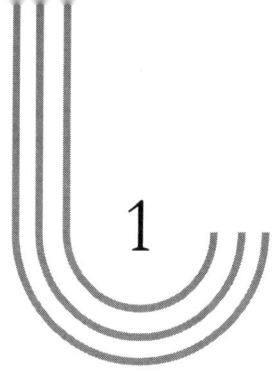

창업자의 자세

창업자의 자세라는 거창하고 꼰대 느낌이 나는 제목으로 글을 시작합니다.

창업자의 자세라는 주제로 이야기를 하면 한도 끝도 없이 이어 나갈 수 있지만, 가장 중요한 몇몇 가지만 말씀드려 보려고 합니다.

창업자의 자세란 무엇일까요? 사실 저를 포함해서 창업하는 이유는 돈을 벌기 위함이고 그 돈을 벌기 위함은 특별한 무언가가 아닌 나 개인의 재무적 성공을 위해서 하는 것인데 말입니다. 저는 예비창업자분들 중에서 정부지원으로 창업을 희망하시는 분을 한정해서 말씀드려 봅니다.

제가 멘토링을 나가면 이런 분들을 많이 뵙고 있습니다.

"예창 떨어지면 내년에 다시 도전해 봐야 합니다, 지금 절실합니다."

정말 절실하게 말씀하셔서 저는 최선을 다해서 제가 알고 있는 모든 것을 전달해 드리려고 합니다. 하지만 위와 같이 절실한 창업자분들이 성공하시는 경우를 좀처럼 찾기 어렵습니다. 왜일까요? 바로 절실함이 적어서 그렇습니다.

보통 회사에 다니시면서 창업을 희망하시는 분들이 매우 많습니다. 저 역시 회사에 다니면서 컨설턴트 준비를 하고 자격을 획득하고 창업 하였습니다.

정부지원사업을 통해서 창업을 희망하시면 '올해 안 되면 내년에 하지'와 같은 생각으로 접근하시면 많이 곤란합니다.

저의 경우 평가위원으로 과제 평가를 하러 가면 사업계획서만 보고 '누가 절실한지 누가 절실하지 않은지' 바로 알아볼 수 있습니다. '올해 안 되면 내년?'이라는 안일한 생각으로 사업을 준비하시면 안 됩니다. 사업을 하시기로 마음먹으셨으면 정부지원사업과 상관없이 무조건 하셔야 하는 것입니다. '제가 현재 모아둔 돈이 부족해서 정부지원 없이는 사업이 많이 어렵습니다.' 이와 같은 생각을 정말 많은 분이 하고 계십니다. 저는 개인적으로 이런 생각을 하시는 대표님들을 '아직, 준비가 덜된' 대표님들이라 생각합니다. '정부지원이 없으면 하지 못하는 사업.' 이런 사업을 왜 하시나요? 준비된 창업자시라면 당연하게도 사업을 진행하는 것이고 이런 사업을 진행하시면서 정부지원이 있으면 사업의 성공이 더 빨리 다가오는 것입니다. 한 가지 더 말씀드리고 싶은 것이 창업진흥원의 지원사업을 획득하시면 일부 자금을 대표님 인건비로 대체할 수 있습니다. 그래서 인건비 확보를 위해 준비하시는 분들도 많이 계시는데 '절대 정부는 대표님의 인건비 지원을 위해 지급하지 않습니다.' 다만 일부 기술의 경우 대표님이 직접 개발하셔야 하기에 일부 인건비를 지원해 주는 것입니다. 그렇다면 정부에서 말하는 인건비 지원이라는 것은 '신규고용'을 위한 인건비 지원입니다. 입장을 바꾸어 생각해 보십시오. 정부에서 개인의 사업성공을 위해 재료비 지원해 주고 인건비 지원해 주고 각종 세제 혜택 주고, 왜 줄까요? 사실 정부에서 지원해줄 명분이 없습니다. 하지만 정부지원으로 신규고용을 해서 고용창출도 하고 수익이 발생해서 더 많은 사람을 고용하고 이를 통해 해외로 진출하고 외화 유출 차단하고 이렇다면 어떤가요? 정부에서 이런 기업은 지원을 해주는 것이 바람직하지 않나요? 당연합니다.

그럼 다음 예비창업자의 자세에 대해 알아보겠습니다.

바로 참고 참고 또 참는 것입니다. 저 역시 참고 참고 또 참습니다만, 도저히 안 되는 것들은 과감하게 포기를 하되 뒤탈 없게 포기를 하는 것입니다. 어찌 보면 당연한 이야기인데, 사실 이게 너무 어렵습니다. 참는 것이 어려우신 분들을 기준으로, 저 역시 저와 무언가가 다른 것을 보면 참지 못하고 색안경을 끼고 다르게 생각하기를 했습니다. 그리고 참기보다는 제 의견을 최대한 전달하는 것이 목적이었습니다. 그러다 보니 결국 저에게 득이 되는 것은 없었습니다. 그래서 점점 제 성격을 바꾸어 나가고 있습니다. 성격을 바꾸기보다는 현실에 맞추어 가고 있습니다. 실제 창업을 하시면 정말 수많은 유혹과 나와 안 맞는 사람들이 연락을 매우 많이 합니다. 우리는 이런 것들에 의연하게 대처해야 합니다. 이렇게 사업에 대한 절실함이 있고 수없이 많은 유혹에 의연하게 대처할 준비가 되어 있다면 본격적인 창업을 진행하시는 데 가장 핵심사항을 말씀드립니다.

창업의 가장 기본은 기술 중심의 창업입니다. 하지만 창업자분들을 만나뵙다 보면 기술이 없는 분들이 창업을 많이 결정하시고 실제 창업을 하십니다. 저는 개인적으로 기술 없이 창업하시는 분들을 매우 강력하게 창업을 자제시키고 있습니다. 혹시 이 글을 읽으시는 독자께서도 기술 없이 창업을 생각하신다면 제가 매우 무게 있게 말씀드리건대, 창업하지 마십시오. 창업하시면 실패할 확률이 매우 높습니다. 실제 창업하고 5년 후 생존비율이 30%가 되지 않습니다. 10개 기업을 창업하시면 5년 후 사업을 유지하시는 기업이 딱 3곳이고 나머지는 폐업을 한다는 것입니다. 그리고 정부지원을 받아서 상대적으로 안정적으로 창업을 한다고 하여도 53%입니다.

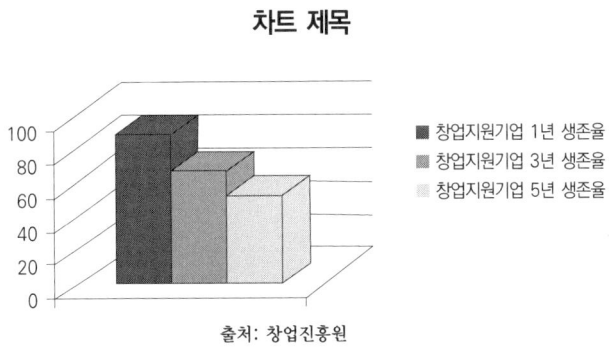

출처: 창업진흥원

창업은 현실입니다. 어설프게 준비하시면 큰일 납니다. 비용도 비용이지만, 인생에서의 수년이 순식간에 사라질 수도 있습니다. 그렇기에 더욱더 신중하게 해야 합니다. 이렇게 숫자로 보여 주는 현실에서 기술 없이 창업을 한다 생각하면, 정말 아찔합니다. 그럼 기술이 없으면 창업을 하지 말라는 것이냐? 라고 반문하실 것인데 기술 없어도 창업이 가능하십니다. 바로 이 부분이 핵심사항입니다. 기술자를 고용하시면 해결이 됩니다. 그럼 다시 반문하실 내용이 기술도 없고 직원을 고용할 자금도 충분하지 않으면 창업하지 말라는 것이냐? 라고 생각하실 것입니다. 네~ 그렇습니다. 창업하지 마십시오. 단순하게 아이디어만 보유하고 계신 상태에서 창업을 하시는 것은 너무 무모한 도전입니다. 하지만 정말 참신한 아이디어를 보유하고 계신다면 이 아이디어를 가지고 사업화를 위해서 차근차근 준비를 하신다면 무모한 창업이 아닐 수도 있습니다. 그럼 차근차근 준비한다는 것은 무엇일까 고민해 보겠습니다.

어떠한 아이디어가 발생이 되면, 이 아이디어는 보통의 경우 하늘에서 뚝 하고 떨어지는 것이 아니라 평상시 생각하던 생활 불편 또는 현재 업무(직업)에 대한 문제점 발견이 될 것입니다. 이러한 아이디어를 구체화하시면서 어떻게 하면 문제가 해결될 것인가를 고민하시게 되는데 그러다 보면 분명 기술자가 필요하시게 됩니다.

바로 다음 단계에서는 기술자를 얼마나 효과적으로 운영하기 위한 전략이 필요한데, 너무나 당연하게도 해당 기술에 대해서 창업자가 포괄적으로 이해를 하고 있어야 합니다. 예를 들어서 설명드리면, 온라인 돌

봄 서비스를 준비한다고 하면 그리고 온라인 프로그램을 개발하지 못한다고 한다면, 프로그래밍을 직접 배우시는 것이 아니라 어떠한 방식으로 프로그램을 개발할 것인가를 매우 세부적으로 설계하셔야 합니다. 보통 화면설계라고 하며 이러한 화면설계는 '와이어프레임'의 형태까지 나와야 합니다. '와이어프레임'이란 아래 사진을 보시겠습니다.

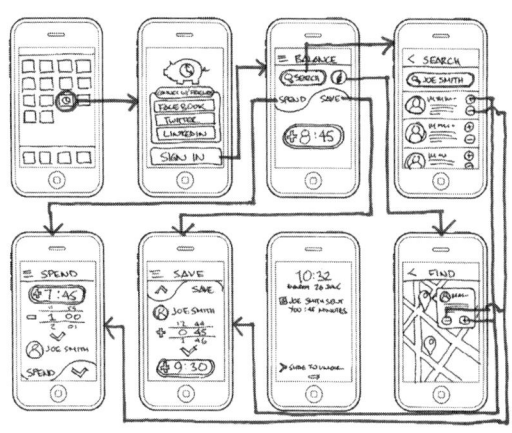

위 예시한 웹페이지 설계는 가장 최소한입니다. 이보다 세부적으로 들어가면 작화기능(화면설계)이 추가로 들어가게 되는데 작화를 하게 되면 화면 구조라든가 색감 등 사용자 입장에서 매우 세부적인 사항까지 설계를 하셔야 합니다.

이렇듯 창업을 하시게 되면 단순 아이디어에서 멈추는 것이 아니라 이런 아이디어를 구체화하기 위한 어떤 것을 준비해야 합니다. 그리고 보통의 경우 플랫폼을 빙자한 온라인 기업 창업기업은 창업지원해 주지 않습니다.

그럼 우리의 아이디어가 참신하고 또 시장의 불편을 해결해 주고 더불어 어느 정도 구체화가 되었다면 이러한 아이디어를 사업화하기 위한 상담이 필요합니다. 당연하게도 그러한 상담에는 비용이 발생합니다. 그 비용을 최소화 또는 무료로 하기 위한 방법은, 가장 가까운 창경센터(창조경제혁신센터)에 방문하시면 상주 멘토분들이 계십니다. 이분들을 통하시면 무료로 상담을 받으실 수 있습니다.

(1) 특허, 꼭 필요한가?

특허가 있고 없고는 하늘과 땅 차이입니다. 그래서 누구나 있는 특허가 아무나 없는 이유입니다. 우리가 창업을 할 때 정말 효과적으로 특허를 취득하는 방법에 대해 설명드리고자 합니다.

특허를 취득하는 방법은 두 가지 말고는 존재하지 않습니다. 직접 취득하거나 아니면 구입하시는 것입니다. 하지만 비용 때문에 항상 주저주저하며 특허 취득을 뒤로 미루고 있습니다. 비용적인 부분부터 말씀드리면, 직접 취득을 하시게 된다면 특허당 300만 원~500만 원 정도 발생합니다. 특허를 사시게 된다면 개인거래가 아닌 경우 보통 400만 원에서 1,000만 원으로 생각하시면 됩니다. 물론 1,000만 원 넘는 특허도 너무 많습니다.

특허를 취득하기 위해서는 당연하게도 기술이 있어야 합니다. 그리고 보유한 기술을 기준으로 일정부분 기술에 대해서 연구하실 것입니다. 특허는 바로 이때 뭔가 구체화되지 않은 상태에서 진행합니다. 기술에 대해서 연구하신 어떤 결과물이 말도 안 되는 허구의 것이 아니라면 특허 취득이 가능합니다. 제가 특허를 취득하는 순서를 말씀드리면서 자가출원하는 방법을 설명드리겠습니다. 이 순서대로 하신다면 가장 효과적으로 특허를 취득하실 수 있습니다. 이렇게 자신 있게 말씀드릴 수 있는 것은 15개 이상 특허를 직접 발명진행하였기에 가능합니다.

아이디어 창출: 아이디어를 만드는 것입니다.

아이디어 시뮬레이션: 아이디어를 개념적으로 고민해 보는 것입니다. 물리적 구현 가능성 등을 검토하고 그리고 일부 도면화하는 것입니다.

경쟁사 기술 분석: 개발한 아이디어가 자신만의 독특한 기술이라고 스스로 자부하기 어려우실 것입니다. 이유인즉 대부분의 기술은 이미 구체화되고 사업화되었으며 특허 또한 있을 것입니다. 그래서 경쟁사들의 구현방법 사업화 수준을 파악해야 합니다. 이는 기술사업화를 위한 가장 기본적인 것입니다.

키프리스 분석: 키프리스는 특허청에서 관리하는 특허검색 사이트입니다. 국내의 모든 등록된 특허는 검색 가능합니다. 키프리스를 통해 경쟁사의 기술도 분석하고 실제 그 기술이 적용되었는지 안 되었는지도

분석할 수 있으며, 좋은 기술들은 차용하여 업그레이드가 가능합니다.

특허초안 작성: 우리가 아이디어를 일부 구현에 성공하면 도면이나 개념도 또는 어떠한 로직, 계산식 등이 있을 것입니다. 변리사 분들은 이 정도만 있어도 충분히 특허를 분석하고 초안을 작성하실 수 있습니다. 하지만 특허 초안을 직접 작성해 보는 것을 추천드립니다. 특허 초안이 있으면 굳이 변리사분들과 미팅을 하지 않아도 의미 전달이 가능하고 또 이러한 서류 작업을 통해서 우리의 기술에 대해서 개념적으로 한번 정리가 가능하십니다. 그리고 가장 주요한 부분은 바로 이렇게 연습을 하다 보면 직접 출원이 가능하신 수준이 됩니다.

(2) 특허출원을 위한 정부지원사업

특허출원 시 출원서를 작성하는 것은 매우 난이도가 높은 서류작업입니다. 그렇기에 변리사분들의 도움이 필요하고 전문직을 활용하기에는 비용이 많이 듭니다. 그래서 정부는 스타트업을 대상으로 다양하게 특허출원 지원사업을 합니다. 보통 '특허바우처' 사업이라고 합니다.

특허 바우처 사업은 크게 세 종류로 구분합니다.

한국특허전략개발원	중앙정부지원사업으로 특허출원 및 아이디어 도출을 위한 사업비 제공
지방정부지원 특허바우처 사업	중앙정부 지원사업보다 지원금이 적음
기술별 특허바우처 지원사업	소부장, 뿌리산업, 4IR 등 해당 산업마다 독자적인 특허바우처 사업

위와 같이 세 가지로 구분을 해보았습니다. 하지만 모든 특허출원 바우처 사업은 한국특허전략개발원에서 직접 관리하거나 간접 관리를 하는 경우가 많습니다.

지방정부의 특허바우처 지원사업은 주로 해당 지자체의 테크노파크에서 진행하는 경우가 많고 지역마다 상이하지만 해당 지역의 산업진흥원에서도 진행을 합니다.

기술별 특허바우처 지원사업의 경우 해당 산업의 주 연구기관에서 진행합니다. 구체적으로 말씀드리면 소부장의 경우 '소재부품종합정보망'에서 지원을 해주고, 뿌리산업은 '국가뿌리산업진흥센터'에서 지원을 해줍니다. 하지만 정기적으로 지원을 해주는 것은 아니므로 지속적으로 모니터링을 하시면서 지원사업이 나오면 바로 지원하는 것입니다. 4IR의 경우 위와 같은 지원센터가 없지만 기본적으로 특허전략개발원에서 우선순위로 지원을 해주고 있습니다.

(3) 특허를 사오는 방법

특허를 사오게 된다면 사실 어디서 어떻게 사와야 하는지도 생각하기 어렵습니다. 친한 회사가 있다면 특허를 양도받아도 되지만 그러지도 못한 경우에는 어떻게 해야 할지 답답하기만 합니다. 그럼, 특허가 과연 필요할까요? 상황이 좀 더 개선된 다음 진행해도 늦지 않을까요? 그렇다면 그리고 지금 그렇게 생각하고 계신다면 너무 늦습니다. 특허가 지금 있다면 하실 수 있는 사업은 더 늘어납니다. 하지만 특허를 출원하기에는 시간이 걸리고 특허를 사오기에는 비용적 부담이 심합니다. 이러한 중소기업의 애로를 해결하기 위해서 중소기업에서는 특허를 사올 수 있게, 그것도 정부기관 또는 대학의 특허를 구입할 수 있게 상당 부분 지원해 주고 있습니다. 다음 사업을 확인하겠습니다.

> GTP공고 제2***- 호
>
> ## 「2***년 기술이전 창업지원 사업」
> ## 이전기술기반 창업지원 창업자 모집 공고
>
> 경기도와 (재)경기테크노파크는 우수기술 이전을 기반으로 창업 및 사업화 촉진을 위하여 기술이전기반 창업지원 사업을 시행하고 있습니다. 이전기술기반 창업에 관심 있는 창업자분들의 많은 참여바랍니다.
>
> 2***년 4월 일
>
> (재)경기테크노파크 원장
>
> ### 1. 사업개요
>
> □ 사업목적
> ○ 공공 및 민간의 미활용 우수 **기술을 창업자에게 이전**하여 원천기술, 창업 아이템에 대한 기술창업 성공 유도
> ○ 기술이전을 기반으로 사업화 및 컨설팅 지원을 통하여 기술창업 활성화 유도
>
> □ 지원대상
> ○ 기술이전 창업을 희망하는 도내 창업 예정자 및 창업 7년 이내 기업
> - 중소기업창업 지원법 시행령 제2조, 제3조 기준 사업 개시일로부터 7년 이내 (공고일 기준)인 중소기업
> - 경기도 소재 본사 또는 공장소유 기업
> - 창업예정자의 경우 공고일 현재 사업자등록(개인/법인)이 되어 있지 않아야 함
> - 창업기업의 경우 개인사업자 (법인전환 포함)의 경우 사업자등록에서 '사업개시일(개업일)'을 기준으로, 법인사업자의 경우 법인등기부등본에서 '법인설립공고일'을 기준으로 함
> - Spin-off 창업 예정인 중소기업 및 Start-up, 단 사업자등록은 경기도 내에 창업을 새로 하여야 함
> - 다수의 사업자등록증(개인, 법인)을 소지한 경우, 창업인정 기준에 따라 신청자격 적합여부 결정 • [별첨] 참조
> - 공동대표로 구성된 기업의 경우, 신청하는 대표자는 제시된 '신청자격'에 해당하고 대표자 전원이 '제외대상'에 해당하지 않아야 함
>
> - 1 -

대표적인 기술이전 창업지원사업입니다. 본 사업은 경기도에서 주관하는 사업으로 1년에 한 번씩 공고가 나옵니다. 경기도뿐만 아니라 국내 대부분의 테크노파크에서 유사한 지원사업이 있습니다. 기술이전 창업지원사업의 특징은. 학교 및 연구소의 '특허 검색 지원', '특허 거래를

위한 거래 지원'을 먼저 지원해 주고 이 사업을 통해서 기술이전 전문가들이 학·연의 특허를 추천해 주고 학·연과 거래를 위해 대부분의 절차를 대신 지원해 줍니다. 그리고 특허 지원이 결정이 되면 특허 구입을 위해 최대 1천만 원 지원해 주고 동시에 사업화 자금 2천만 원도 지원해 줍니다. 이 사업은 신청을 안 하면 손해입니다. 이 글을 읽고 계신 여러분은 꼭 해당 지자체 테크노파크에 연락하시어 같은 사업 또는 유사사업을 확인하시고 즉각적인 신청을 권장하여 드립니다.

특허 부분을 강조하였지만, 창업자의 자세에 대해서 제가 말씀드린 부분을 정리해 보겠습니다. 그리고 말씀드리고 싶은 것은 이러한 것들이 의무는 아니지만 있어야 한다는 것입니다.

- 기술개발, 사업화에 대한 의지
- 사업에 대한 포괄적인 지식
- 사업단계별 대부분의 단계를 직접 진행 가능한 수준의 지식 보유
- 특허 확보 필수, 최소한 특허출원
- 전문가(멘토)의 조언, 가까운 창조경제혁신센터 또는 산업진흥원 방문 상담 필수

어떤 것들을 준비하셔야 하는지 정리가 되셨습니까? 그럼 이제 사업을 본격적으로 시작해 볼까요? 하지만 아직은 어렵게 느껴지실 것입니다. 이제 차근차근 따라 하시면서 진행하시면, 사업 성공으로 가는 지름길을 알려 드리겠습니다.

2

꼭 창업진흥원 과제를 해야 하는가?

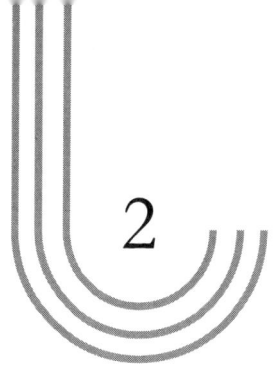

꼭 창업진흥원 과제를 해야 하는가?

    중소벤처기업부 산하 기관이지만 창업진흥원 과제는 중소벤처기업부 과제와 다르게 관리되고 움직입니다. 중소벤처기업들이 성공하기 위해서는 당연하게도 창업을 많이 해야 하기 때문에 창업진흥원이 별도의 자금으로 운영되고 있는 것입니다. 그리고 이 별도의 자금 덕분에 초기 창업 시 창업자금을 상당 부분 받을 수 있습니다. 하지만 창업진흥원 사업을 꼭 해야 할까요? 만약 우리의 기술과 서비스가 그렇게 진보적인 것이 아니라면 창업진흥원 사업을 수행하기 어려워지는데, 만약 창업진흥원 사업 진행이 어려워지면 어떻게 해야 할까요? 오늘도 스타트업 기업이 많이 모여 있는 커뮤니티에서는 예창, 초창으로 불리는 창업지원

패키지 지원사업 신청서 작성하는 법, 성공사례 등에 대해서 꾸준히 물어보고 대답을 하고 계십니다. 한편으로는 안타깝고 한편으로는 이쪽 시장도 제법 크구나 하는 생각이 듭니다. 시장이 크다는 것은 당연하게도 경쟁이 치열하다는 의미입니다. 이러한 저의 논리를 바탕으로 제가 제안드리는 것은 창업진흥원 지원사업도 중요하게 진행하지만, 동시에 지방정부 창업지원사업도 활발하게 활용하는 것입니다.

해당 지자체마다, 구체적으로 도 단위, 시 단위마다 매우 다양한 창업 지원사업이 있습니다. 심지어 유튜브 찍어서 홍보하라고 전문 스튜디오도 만들어서 제공을 합니다. 지금, 그러니깐 이 글을 작성하는 시점에 대한민국 정부는 역사상 유례없을 정도로 창업지원사업이 활발하게 진행됩니다. 우리는 이런 사업을 잘 활용해야 합니다.

창업진흥원 사업 중 예비창업지원사업은 최대 1억 원 지원을 해줍니다. 하지만 1억 원 전부 지원받기 매우 어려우며 보통 7천만 원에서 8천만 원 지원받습니다. 우리가 사업을 하면서 7~8천에 진행해야 하는 사업이 있으며 4~5천에 진행이 가능한 사업이 있습니다. 예를 들어서 4~5천만 원에 진행 가능한 사업의 경우 정부지원으로 2천만 원만 지원받아도 너무 큰 돈을 지원받을 수 있습니다. 하지만 이상하게도, 아직 손에 쥐지도 못한 7~8천만 원 지원사업에만 모든 노력을 하고 계십니다. 참으로 안타깝습니다. 다시 말씀드리면, 창업진흥원 사업을 진행하지 말고 지방정부 지원사업을 도전하시라는 것이 아니라, 창업진흥원 지원사업도 진행하시고 지방정부 지원사업도 진행하시라는 것입니다. 그럼 다음은 매우 다양한 지방정부의 창업지원사업에 대해서 말씀드립니다.

(1) 창조경제혁신센터 사업

전국의 지자체별 창조경제 혁신센터가 있습니다. 대표 웹페이지는

출처: ccei.creativekorea.or.kr

포털사이트에서 '창조경제혁신센터'를 검색하시면 나옵니다. 여기에서 내가 창업하고자 하는 지역에서 가장 가까운 창조경제혁신센터를 검색하시고 해당 지역의 센터 홈페이지를 방문하시면 매우 다양한 정부지원사업이 있습니다.

제가 속한 곳이 '경기창조경제혁신센터'이므로 경기창경센터 사업 중 상대적으로 우리가 접근하기 용이한 사업을 알아보겠습니다.(작성시점인 2020년 중순 기준)

사업명	사업설명
창업혁신리그	중기부에서 주관하고 지역별 창조경제혁신센터에서 예선 진행
K-Champ Collaboration	KT BM과 연계하여 새로운 가치를 창출할 수 있는 창업·벤처기업을 발굴·육성하여 양방향 사업성과 달성
실전창업교육	'아이디어 개발 → 비즈니스모델 수립 → 린스타트업' 등 교육 및 멘토링을 통해 비즈니스모델 구체화 및 사업계획 수립 지원
지역 기반 로컬크리에이터 활성화 지원사업	해당 지역 기반 지역산업 활성화 지원사업

위의 사업은 대표적인 사업을 열거한 것이 아니라, 제가 책을 쓰기 위해 검색하면서 상단 게시글에 해당하는 것 네 가지를 만들어 둔 것입니다. 굳이 이런 부연설명을 하는 이유는 지역 '창조경제혁신센터'에서 자체적으로 진행하는 창업지원사업이 매우 다양하게 있다는 것을 강조드리기 위함입니다.

(2) 테크노파크 지원사업

테크노파크 역시 도 단위 지자체별로 있습니다. 포털사이트에서 '경기테크노파크' 검색을 하시면 경기테크노파크가 나옵니다.

출처: www.gtp.or.kr

　　이렇듯 지방별 테크노파크를 검색하시어 들어가시고 바로 즐겨찾기 부탁드립니다. 우리가 기업이 성장해서 중견기업이 되어서도 지속적으로 방문해야 하는 아주 중요한 사이트입니다. 창경센터와 가장 큰 차이점은 아무래도 지원하는 사업이 스타트업 중심으로 진행이 되는지 아니면 업력이 조금 있는(3년 이상) 기업을 중심으로 진행되는지가 차이점으로 파악됩니다. 아무래도 창경센터는 초기 스타트업에 무게가 좀 더 실립니다. 테크노파크 역시 창경센터와 마찬가지로 상대적으로 우리가 접근하기 용이한 사업을 알아보겠습니다.(작성시점인 2020년 중순, 경기도테크노파크 사업 기준)

사업명	사업설명
뿌리산업육성지원	뿌리산업 영위기업에 대한 시제품제작 등 포괄적인 지원사업
경기도 기술개발사업	경기도 소재의 중소기업 기술개발 지원사업

사업명	사업설명
필요기술 발굴지원	필요기술을 매입, 시제품 제작 지원사업
제조-서비스업 융복합사업	제조업과 서비스업을 융합사업 발굴 지원사업

창경센터와 비교하여 눈에 보이는 것이 있습니다. 바로 제조업 중심으로 지원을 해준다는 것입니다. 아무래도 서비스 중심의 지원사업은 창경센터의 지원사업이 보다 많이 있습니다.

(3) 산업진흥원 지원사업

산업진흥원은 모든 지방정부에 있는 것은 아닙니다. 지역별로 이름도 다르고 지원하는 산업분야별로도 다릅니다. 저 역시 특정지역의 산업진흥원을 알기 위해서는 직접 조사도 하고 가끔 지자체에 물어보기도 합니다. 저는 경기도 산업진흥원 중 하나인 '경기도 경제과학진흥원' 사업에 대해 안내해드리겠습니다.

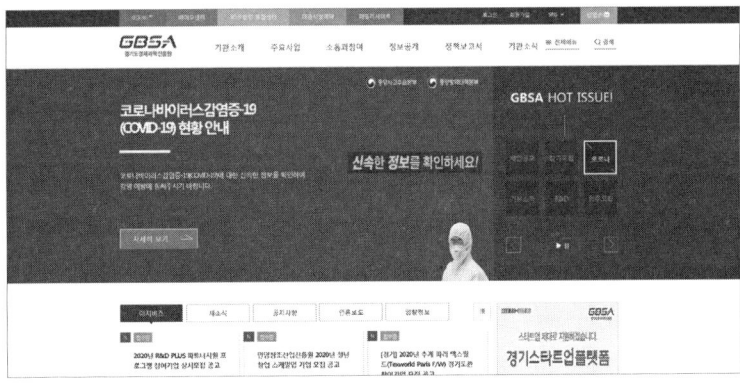

출처: www.gbsa.or.kr

제가 경기도 도민이어서 경기도 중심으로 설명드립니다만, 지자체별로도 다양하게 산업진흥원이 있습니다. 예를 들어 충청북도의 경우 '충북과학기술혁신원'이 있습니다. 과거 '(재)충청북도지식산업진흥원'의 전신입니다. 지자체별로 매우 다양하게 있으니 지금 검색해 보시는 것을 권장하여 드리며, 혹시 찾기 어려우시다 하면 가까운 테크노파크에 연락하시어 문의하시면 됩니다.

산업진흥원 사업을 꼼꼼하게 확인하셨으면 확인 가능하신 것이 테크노파크나 창조경제혁신센터와 산업진흥원은 성격이 조금 다르다는 것입니다. 산업진흥원의 경우 판로개척 등 사업화 분야도 매우 활발하게 지원을 해주고 있습니다.

'무엇이 정답이다'는 없습니다. 제가 수년간 멘토링을 하다 보니 자연스럽게 취득한 것을 말씀드리려 하고 있습니다. 수많은 정부지원사업 중 중소기업벤처부 주관의 지원사업 이른바 '중앙정부 지원사업'이 선정되기가 가장 어려웠습니다. 역시 창업진흥원도 해당되는 말씀입니다. 그다음으로 어려운 것이 도 단위의 지방정부 지원사업이었습니다. 그리고 상대적으로 용이한 것이 시 단위 지방정부 지원사업입니다. 물론 서울시를 제외하고 말씀드리는 것입니다.

'우리 기술'이 '우리 아이디어'가 참신하다는 전제 아래 말씀드리면, 처음부터 어려운 정부지원사업을 신청하셔서 탈락되시곤 좌절하시는 것보다는 상대적으로 지원이 용이한 사업부터 신청하는 것은 어떨는지요? 또 앞서 말씀드린 것처럼 실제 우리가 필요한 비용은 3~4천만 원이면 되는데 무리하게 1억 이상의 경쟁률 심한 지원사업을 신청해야 하는 이유가 있는 것인지요? 사실 정답은 없습니다. 하지만, 보수적 관점에서 상대적으로 경쟁률이 덜한 사업부터 신청을 하게 된다면 목적하시는 사업의 성공에 좀 더 다가가기 쉬워지지 않나 생각합니다.

3
아이템 선정

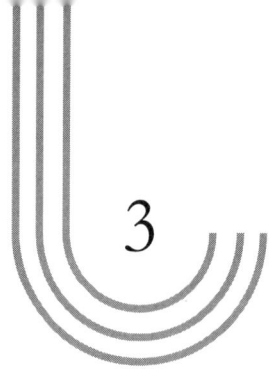

아이템 선정

우리가 사업을 진행하면서 아이템이 매우 중요합니다. 그리고 수익모델도 많이 중요합니다.

아이템과 수익모델, 단어가 다르듯이 뜻도 다릅니다. 하지만 우리는 보통 아이템과 수익모델을 동일시합니다. 이번 챕터에서는 아이템과 수익모델의 차이점에 대해서 알아보고 아이템을 선정하는 방법 그리고 수익모델을 만드는 방법에 대해서 알아보겠습니다.

아이템의 선정 방법을 세 가지로 구분을 한다면 하나는 자신의 전문분야에서 아이템을 찾는 것이고 다른 하나는 비전문분야의 아이템 선정입니다. 그리고 세 번째는 융복합입니다.

– 전문분야 아이템 선정

전문분야에서 아이템을 선정하게 된다면 지금 하고 계신 일을 좀 더 세련되게 만들어 창업을 하시는 경우에 해당됩니다. '세련되다'의 의미는 기능적, 성능적, 심미적 우수성을 포함하여 원가의 절감, 새로운 유통망 확보, 포장방법의 변경, 새로운 기술의 추가 도입 등 다양하게 있을 수 있습니다. 여기에서의 가장 큰 포인트는 종래 사업과의 눈에 띄는 차별성입니다. 반드시 종래 사업과 눈에 띄는 차별성이 있어야 합니다.

– 비전문분야의 아이템 선정 방법

비전문분야에서 아이템을 선정하는 경우로는 생활불편형 아이템이 있습니다. 이러한 생활불편형 아이템은 실제로 어떠한 제품 또는 서비스를 사용하거나 이용하게 될 때 오는 불편함을 극복하는 아이템이 될 것입니다.

예를 들어, 무선이어폰이 유행하기 시작할 때 무선이어폰의 사용자들은 선이 없어 매우 편하게 제품을 사용하였지만, 분실 시 제품을 찾지 못하는 경우가 종종 있었습니다. 이때 이어폰 전문가들은 아니지만 간단한 아이디어로 무선이어폰을 잘 찾는 사업들이 등장하기 시작했습니다. 예를 들면 실리콘 재질의 이어폰과 이어폰을 연결해 주는 줄도 등장했습니다. 왜 이런 것을 개발하고 생산하나 하는 다소 이해하기 어려운 제품이었지만, 처음에는 사용자들의 불편을 효과적으로 해결해 주는 아아이템이었습니다. 이후 이어폰 케이스가 등장하면서 사용자들의 분실에 대한 두려움은 점점 없어져서, 이어폰 케이스 산업이 발달하게 되었습니다. 이렇듯 생활불편을 해결하는 분야 역시 새로운 아이템의 선정 방법 중 하나입니다.

- 융복합 아이템

2020년부터 구체적인 정부지원사업이 나오는 형태로 다양한 산업분야를 융합하는 아이템에 지원하기 시작했습니다. 예를 들면 음식점 주문기기 중 하나인 '키오스크'의 핵심기술은 해상도와 터치 시 정밀감이었습니다. 쉽게 생각해서 터치스크린의 대형화 또는 업그레이드 제품이었습니다. 여기에 융복합이 등장하면서 입력되는 정보에 대한 분석을 실시간으로 진행하여 사용자에게 최적의 제품을 안내하는 큐레이션 시스템이 도입된 새로운 '키오스크'가 등장하였습니다. 이렇듯 물리적인 제품과 프로그래밍이 합쳐지는 것을 융복합이라고 할 수 있습니다.

융복합 아이템은 본 글을 작성하는 시점인 2020년도 5월을 기준으로 향후 3년 이상 지속적인 개발지원사업이 등장할 것이라고 제가 단언할 수 있습니다. 또한, 이러한 융복합의 중심에는 빅데이터를 기반으로 하는 데이터 분석 모델형 제품이 될 것입니다.

아이템의 종류에 대해서 큰 카테고리 기준으로 어떠한 방법으로 알아봐야 하는지 확인이 되셨으면 이제 구체적으로 어떠한 절차로 아이템을 개발해야 하는지 알아보겠습니다. 아이템을 개발하는 과정은 다음과 같습니다.

	단계	세부사항
1	창업자분석	- 창업자의 장점, 단점 분석 - 장점, 단점 분석을 통한 문제 도출 및 해결방법 구체화 - 자기자본 확인 - 추가 자금 확보 방안 구체화 - 창업자의 소양 및 적성 - 창업자의 경험과 능력, 학문지식 - 창업 멤버의 구성
2	아이템 탐색	- 기존 제품 탐색 - 기존 시장, 신시장 탐색 - 창업자의 경험 중심 탐색 - 종합적인 정보에 따른 통찰력 있는 육감 - 기술추이 분석 - 사회추이 분석 - 구현 가능성 분석 - 기술완성까지의 소요 시간
3	시장성 검토	- 현재 시장규모 분석 - 향후 확장 시장 분석
4	타당성 분석	- 시장반응 분석 - STP 4P - ROI 분석
5	제품개발	- 페스트 프로토 타이핑 / 린스타트업
6	시장확인	- 고객반응 관찰 / 린스타트업 - 4단계로 전환
7	최적 아이템 결정	- 양산 준비 - 홍보방법 준비 - 유통채널 준비

위 사항에 대해 세부적인 설명을 드리기 전 사족을 달자면 2번 아이템 탐색부터가 마케팅의 영역입니다. 제가 다른 책에서도 강조했습니다만, 마케팅은 광고나 홍보 방법이 절대 아닙니다.

(1) 창업자분석

자기 자신을 알아야지만 사업을 시작할 수 있습니다. 자신의 장단점 분석이 되지 않은 상태에서 무언가를 준비한다는 것은 너무 무모한 도전 같습니다. 자신의 장점과 단점을 명확하게 분석하고 이를 해결하기 위한 방법까지 일부 설정이 되어야 합니다.

창업자의 장점과 단점을 3~4개 항목으로 작성을 하고 이를 해결하기 위해서 장점을 극대화할 수 있는 방법, 단점을 보완할 수 있는 방법, 장점을 올리고 단점을 해결할 수 있는 방법까지 도출하시는 것을 권장합니다.

창업자의 장단점이 분석되셨으면 중요한 사항 중 하나인 자기자본을 확인하셔야 합니다. 자기자본이 없는 상태에서 사업을 시작하시는 분을 매우 자주 뵙게 되는데 그분들의 공통점은 쉽게 폐업을 하시는 것입니다. 경험상 90%는 3년 안에 폐업하시는 것 같습니다. 이유는 단순합니다. 자기자본이 없는 상태에서 사업을 시작하고 정부지원사업에 선정되어 2~3천만 원 여유가 생기면 이것으로 아이템을 구체화하고 이를 시장에 출시하기에는 조금 더 자본이 필요하지만 이 자본을 유치하지 못하고 망하게 됩니다. 자본의 추가 유치가 어려운 이유는 다음에 바로 소개해 드릴 '추가자금 확보방안 구체화'가 되지 않아서입니다.

추가자금 확보방법방안의 구체화 방법은 당연하게도 대출입니다. 보통의 경우 매출액을 기반으로 대출이 결정되는데 신보의 경우는 구매의향서만 있으면 일정부분 대출이 되지만 기보는 구매의향서와 동시 특허와 기업부설연구소가 있어야 합니다. 이때 이러한 기본이 되어 있지 않으면 대출이 어렵습니다. 일부 대출이 된다 하여도 담보가 없는 경우 3~4천만 원 수준으로 크지 않습니다. 그래서 제품 출시하고 난 다음 홍보를 해야 상황에서 홍보 집행이 매우 어렵게 되는 것입니다. SNS를 통해 입소문을 낸다는 아쉬운 발상들을 하시는데 이러한 과정이 반복되다 3년 만에 폐업을 하게 되시는 것입니다. 기보에서는 온라인 사업자의 경우 최대 3억까지 대출을 해주는 사업이 있습니다. 이 사업은 아무나 대출을 해주지 않습니다. 특히 1인기업은 더더욱 대출을 해주지 않습니다.

초기 자기자본을 최대한 확보를 하고 나면, 이 자금을 활용하여 사업을 하시는 것이 바람직합니다. 자기자본을 최대한 아끼면서 정부지원사업을 알아보고 정부지원사업으로 아이템을 구체화하다 자금이 부족할 시 자기자본 투입을 하게 되는 것이고 이를 통해 매출을 일정부분 만들고 기업부설연구소와 특허를 취득하고 난 다음 기보나 신보 대출을 신청하시는 것이 기업성공의 지름길입니다.

다음으로 말씀드릴 것은 창업자의 소양과 적성 그리고 학문지식입니다. 사실 이 부분이 가장 중요합니다. 우리가 창업을 하는 가장 큰 목적은 내가 하고 싶은 일을 해서 돈을 벌기 위함일 것입니다. 하지만 하고 싶은 것을 다 할 수는 없습니다. 그래서 자신의 소양과 적성에 맞추어 여기에 가장 적합한 분야의 창업을 하는 것입니다. 이것은 매우 중요합니다.

사례1. 부모님이 사회복지사인 관계로, 사회복지사 자격을 획득하고 노인요양 중개 플랫폼 구축 비즈니스.

이 사례가 시장에서 성공할까요? 일단 부모님이 사회복지사인 것은 긍정적이고 본인도 사회복지사 자격이 있습니다. 그리고 관련해서 경험은 없습니다.

사례2. 공연전시 기획전문기업에서 10년간 직원으로 일을 하고 창업하여 5년간 사업체를 운영하던 대표의 공연전문 인력공급 매칭 서비스 플랫폼 구축 비즈니스.

이 사례는 시장에서 성공할까요?

위 두 가지 사례 전부 시장에서 어떤 방식으로 진행될지는 아무도 모릅니다. 사실 저도 모르겠습니다. 굳이 비교하자면 사례 1의 경우 부모의 도움이 있으면 사업에 일부 성공할 수는 있을 것이고 사례 2는 시간이 다소 걸리더라도 성공할 비즈니스 모델입니다.

마지막으로 말씀드릴 것은 창업자의 멤버 구성입니다. 우리는 혼자서 대부분의 것을 하지만 모든 것을 할 수는 없습니다. 저와 같은 전문직의 경우에도 사무장을 고용하고 일반 관리직원도 고용합니다. 그리고 같은 업무를 같이 하는 동료도 고용합니다. 여기서 중요한 것은 고용의 의미를 사실상 동업의 의미로 보셔야 합니다. 물론 내가 창업해서 내가 월급을 주니 내가 하고자 하는 것을 잘 따라와야 한다고 생각하지만 조직의 관리 및 운영은 생각처럼 그러하지 못합니다. 그래서 이런저런 시끄러운 것을 해결하고자 처음부터 혼자 하다 여유가 생기면 직원을 고용하게 되시는데 그럴 경우 사업성공에서 그만큼 늦어지는 것입니다. 왜 그럴까를 생각해 보면 우리가 '기업가정신'에 관해서 교육을 받고 공부를 하면 종종 접하게 되는 것인데 우리는 처음부터 모든 것을 혼자 할 수 없습니다. 그렇기에 누군가와 협력하고 같이 가야 합니다. 당연하게도 이러한 파트너는 만나기 어렵지만 한번 관계가 형성돼서 이른바 초기창업 구성원이 유기적으로 돌아간다면 향후 5년간 최소 3년간은 매우 효과적으로 기업이 운영됩니다. 그리고 초기 창업 시 멤버가 없다면 많은 부분에서 사업운영이 어렵게 됩니다. 그러므로 초기 창업멤버의 구성은 매우 중요합니다.

(2) 아이템 탐색

아이템을 결정하기 앞서서 아이템 탐색부터 진행해야 합니다. 실제 시장에서 어떤 아이템이 있으며 이들의 장점 및 단점은 무엇인지 탐색하셔야 합니다. 눈으로 보는 것은 기본이고 직접 사용해 봐야 합니다.

보통 아이템을 쉽고 빠르게 찾는 방법은 해당 산업분야의 Champion 기업부터 검색을 하는 것입니다. 만약 나보다 또는 우리보다 빨리 진입한 기업은 있지만 시장지배적 역할을 하지 않는다면 시장에 Champion이 없는 것입니다.

시장에 Champion급 경쟁자가 없다는 것은 긍정적인 의미로 시장지배자가 될 수 있으며 반대로는 그만큼 시장이 크지 않다는 것입니다.

창업자의 경험을 기반을 중심으로 아이템을 탐색하는 방법도 매우 좋은 방법 중에 하나입니다. 이러한 방법은 앞서서 설명드린 경쟁사의 제품을 탐색하는 방법과 함께 아이템 탐색의 가장 기본이라고 할 수 있습니다. 간혹 자기가 하고 싶은 분야에서 아이템을 찾으시는 경우가 있는데, 그런 경우 종래의 자기 전공분야와 다르기 때문에 최소한의 자격이 갖추어질 때까지 해당분야를 연구하시는 것을 권장해 드립니다.

반면 종합적인 사고에 의한 통찰력 있는 육감도 무시를 못 합니다. 앞서 설명드린 '하고 싶은 분야'와는 다른 것이, 육감에 의해 아이템을 선정하는 것은 다년간 그리고 다양한 분야에 경험이 축적되어야 하고 이를 통해서 통찰력이 생기기에 가능한 것입니다.

기술추이 분석과 사회추이 분석 또한 아이템을 찾는 데 중요하게 작용을 합니다. 기술추이 분석은 본 글을 작성하는 시점인 2020년도의 경우 스마트 반도체, 바이오헬스, 스마트자동차 분야가 정부에서 주도적으로 육성하는 사업입니다. 과거에는 Web 시대를 맞이하여 이른바 벤처창업이라고 칭하는 벤처붐이 있었습니다. 두 가지 산업의 공통점은 통신의 발달이라는 기술이 산업을 선도해 나가는 것입니다. 대부분의 스타트업이나 창업기업은 기술을 선도하기 어렵습니다. 그래서 우리는 정부에서 주도적으로 육성하는 분야를 잘 파악하여 본인의 사업과 정부에서 육성하는 사업과 잘 비교하면서 사업아이템을 선택하시는 것을 추천드립니다. 사회추이 분석은 사회적 현상을 관찰하면서 일종의 시계열 분석을 연구하는 것인데 대표적인 예를 들어 설명드리면 1인가정의 성장입니다. 과거 정보는 신생아가 줄어들면서 이른바 밀레니엄 세대가 사회에 등장하는 시점인 2020년에는 사회의 전반적인 분야가 1인 중심으로 움직인다고 예견하였으며 그 예견은 시간이 지나면서 추정이 확신이 되었고 글을 작성하는 시점인 2020년에 실제 1인가구가 전체 가구 중의 50% 가까이 차지합니다. 이렇듯 사회현상을 분석하는 자료를 잘 조사하고 분석하면서 창업하고자 하는 아이템과 공통점을 찾으시면 그 아이템은 시장에서 성공할 수 있습니다.

이렇게 아이템을 조사하면서 구현가능성도 동시에 확인해야 합니다. 아무리 참신하고 좋은 아이디어라 하여도 실제 개발하고자 하는 당사자가 그 아이템을 구현할 능력이 안 되거나 또는 현재 기술로 구현 불가능하다고 하면 필요 없는 기술입니다. 창업자가 본인이 해결하지 못하는 아이템이라 하여도 팀원을 고용하면 해결이 됩니다. 그러므로 현재 수준에서 해당 아이템에 대해서 구체적으로 분석을 하면 문제의 해결방향성과 구현가능 정도가 나옵니다.

마지막으로 고민해야 하는 것들은 기술완성까지의 시간입니다. 이것은 재무적인 상황 그리고 경쟁사의 상황과 같이 생각하셔야 합니다. 먼저 재무적인 부분은 기술이 완성되기까지 버틸 수 있는 충분한 자금을 확보하였는가입니다. 재무적으로 확보가 되지 않았다면 재무적 확보가 우선되어야 합니다. 두 번째로는 경쟁사의 개발 상황 추이 분석입니다. 경쟁사가 자사의 제품보다 일찍 시장에 제품을 소개한다면 우리가 개발하는 제품 또는 서비스는 상대적으로 후발주자가 됩니다. 시장에서 경쟁사보다 우위를 점하는 가장 기본적인 방법 중 하나는 경쟁사보다 빨리 물건을 출시하는 것입니다. 만약 경쟁사가 제품(서비스)을 먼저 출시하였다면 경쟁사를 잘 분석해서 경쟁사 대비 자사 제품(서비스)의 우수성을 강조하는 제품(서비스)을 출시하면 되겠습니다.

(3) 시장성 검토

시장성 검토는 일회성으로 끝나는 것이 아니라 지속적으로 해야 합니다. 가장 기본적으로 현재 시장의 규모를 파악하고 향후 확장 가능한 시장범위까지 파악을 해야 합니다. 우리가 종종 오해를 하는 것이 시장성 검토는 곧 '해당 산업 분야의 시장'이라고 착각을 하시는데, 해당 산업분야의 전체 사이즈 분석과 향후 확장성까지의 조사는 가장 기본입니다. 다시 말씀드리면 시장조사는 한 번만 하는 것이 아니라 지속적으로 해야 하는 것이며 현재 시장의 규모와 향후 우리가 확장가능한 시장의 규모까지 동시에 파악을 해야 합니다. 시장성을 검토할 때 보통의 TOM-SAM-SOM을 자주 사용하시는데 이 TOOL의 사용은 사람마다 호불호가 나뉩니다. 저의 경우 그렇게 선호하는 조사 방법이 아닙니다. 왜냐하면, 시장을 예측하는 방법은 이러한 방법보다는 보통 가중이동평균법을 더 사용하고 이 방법이 훨씬 더 정교하기 때문입니다. TOM-SAM-SOM 방법은 전체시장-유효시장-수익시장의 약어로 구성된 용어인데, 웹이나 이러한 방법을 알려 주는 책을 보면 대부분 근거 없는 추정을 하는 방법에 대해 알려 주며 근거 없는 추정은 회사를 운영하는 데 치명적인 방법이기 때문입니다. 이러한 방법보다는 증권사 자료나 정부발표자료가 훨씬 더 신뢰할 만합니다. 저의 경우 과제평가를 들어가서 TOM-SAM-SOM을 이용한 시각화가 잘된 사업계획서를 자주 보는데, 제가 평가위원으로 들어가게 되면 시장조사가 부족하다는 판정을 합니다. 이렇듯 시장성을 판단하기 위해서는 검증된 자료를 중심으로 해당 시장의 확장성까지 동시 판단하셔야 합니다.

(4) 타당성 분석

우리가 사업을 하면서 그리고 어떠한 결정을 할 때 항상 타당성을 검토합니다. 하지만 타당성의 본래 의미가 무엇일까요? 이것부터 생각해 보겠습니다. 타당성의 의미는 어떠한 것을 측정하는 방법이 잘되었는가 아니면 잘못되었는가를 확인하는 것입니다. 예를 들면 우리가 제품을 만들어 시장에 출시해서 매출을 올리는데 이 제품이 매출을 올리는 방법으로 합리적인가 합리적이지 않은가를 확인하는 것입니다. 그러니깐 당연하게도 시장반응을 측정해야 하는 것이고 이러한 것들은 숫자로 즉 추정매출로 확인해야 합니다. 매우 세부적인 타당성 분석을 하기 위해서는 재무상식이 있는 분이 수일에 걸쳐서 타당성 분석을 해야 하므로 그런 것을 제외하고, 투입비용 대비 예상되는 매출을 계산하시면 해당 아이템(서비스)을 개발하실지 아니면 말지가 결정됩니다. 이런 분석의 확장판이 ROI 즉 투자회수율 분석입니다.

제가 위 도표에서 언급한 STP, 4P 부분을 타당성 분석에 넣은 이유는 물건(서비스)을 판매하기 위해서는 시장을 분석하고 세분화하는 것이 STP, 4P이므로 타당성 분석 카테고리에 넣었습니다. 본래 사업계획서를 작성하게 되면 다른 카테고리에 분류하는 것이 맞습니다. 타당성 분석까지 마무리가 되었다면,

(5) 제품개발

제품개발을 본격적으로 시작하게 되는데 우리가 생각해야 할 것은 이른바 린스타트업 방식을 도입하는 시점이기도 합니다. 이른바 MPV라는 용어를 사용하며 최소기능 제품을 MVP라고 합니다. 최소 제품을 시장 또는 추정고객에 소개를 하고 출시제품(서비스)의 장단점을 고객으로부터 듣고 그것을 바로 반영해서 다시 소비자와 추정고객에 소개하여 보완하는 방법을 수회 반복해서 최종 제품을 결정하는 것입니다. 제품개발 방법에 대해서는 본 글에서는 소개드리기에는 너무 방대한 분량이며 책 내용과 다소 다른 내용이므로 크게 말씀드릴 것은 없습니다.

(6) 시장확인

제품이 거의 마무리가 되었다면 시장확인을 해야 합니다. 앞서 만들어진 제품을 시장에 빠르게 내놓고 고객의 반응을 직접 확인하는 것입니다. 이때 시장반응이 예상했던 것과 다른 방향으로 진행이 된다면 빨리 4단계 즉 타당성 분석부터 다시 하셔야 합니다.

아이템 선정을 마무리하면서 드는 생각이 있습니다. 우리는 말초적인 것에 매우 자극을 강하게 받습니다. 인터넷을 보면 쉽게 접근하는 게 '정말 좋은 아이템이 있다', '아이템 찾는 방법'이라면서 사람을 현혹합니다. 정말 그들의 말이 맞다면, 왜 그들은 그 좋은 것을 혼자 하지 않고 공유를 할까요? 어떤 다른 목적이 있지 않을까요? 저는 보수적인 사람이라 아이템을 찾고 발굴하고 선정하는 것은 내가 할 수 있는, 내가 하고 싶은 분야에서 찾을 것입니다.

4

K-START UP 준비하기

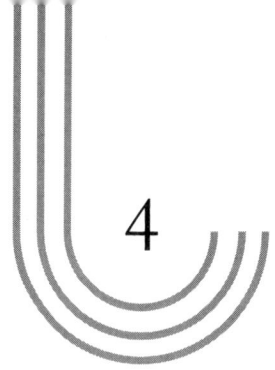

K-START UP 준비하기

　예비창업자, 재창업자, 초기창업자 등 창업초기에 지원 가능한 정부 지원사업을 하기 위해서는 먼저 어디에서 어떻게 접수를 해야 하는지부터 시작합니다.

　제목에서 있듯이 K-START UP에서 정보를 제공하고 신청을 받고 있습니다. 검색창에 'K-START UP'을 검색하시면 바로 화면이 나옵니다.

　그럼 K START UP에서 지원 가능한 사업들이 어떤 것들이 있으며 우리가 지원조건이 되는지 안 되는지를 확인하기 위한 방법부터 말씀드립니다.

(1) 기업의 형태

기업의 형태에 따라 지원하는 과제가 다릅니다. K-START UP에서는 창업기업을 매우 세부적으로 구분하여 지원을 하고 있으며 특히 초기 창업기업에 많은 지원을 하고 있습니다. 이러한 구분의 기준은 다음과 같습니다.

기업형태	설명
예비창업	아직 창업한 사실이 없는 기업을 말합니다. 과거 창업을 했더라도 현재 사업자가 없어야 하며, 과거 창업했던 기업과 업태가 달라야 합니다. 예) 구) 서비스 제공기업 현) 서비스 기업 폐업완료, 플랫폼 기업 운영 예정
재창업	과거 창업했던 사실이 있는 기업으로 과거 운영했던 기업과 유사한 사업을 하거나 또는 다른 사업을 진행해도 상관없습니다. 다만, 반드시 직전 사업의 폐업사실 확인원이 있어야 합니다.
초기창업	창업 후 3년 미만의 기업을 말하고 있습니다.
창업기업	창업이후 7년 미만의 모든 기업을 말하고 있습니다.

그럼 기업의 형태를 이야기하면서 동시에 일부 지원사업 신청이 안 되는 형태도 말씀드리겠습니다.

법인과 개인기업: 개인기업과 법인기업 둘 다 어떠한 형태든 상관이 없습니다. 예비창업자시라면 사업자가 없으실 것이므로 향후 신청할 기업의 형태가 법인이든 개인기업이든 상관이 없습니다. 하지만 일반인들의 관점에서 생각을 조금은 해야겠습니다. 선입관이라고 할 수 있는데 보통의 경우 개인의 형태보다 법인의 형태를 좀 더 체계적인 회사라고 생각을 합니다.

- 제조업: 제조업은 특별한 결격사유가 없습니다.
- 서비스업: 특별한 결격사유가 없습니다. 다만 일부 지원사업은 '제조업'만 지원 가능합니다.
- 2종의 혼합사업: 역시 특별한 결격사유가 없습니다. 다만, 2종의 혼합이더라도 한쪽 분야가 더 높은 매출비중을 차지하면 매출비중이 낮은 사업이 높은 쪽을 보완해 주게 되는 형태입니다.
- 신청이 안 되는 사업: 요식업, 숙박업, 부동산업 등

좀 더 쉽게 말씀드려서 무언가 창의적인 개발 아이템이 아니면, 지원이 어렵습니다.

그럼 K-START UP에 어떤 지원사업이 있는지 간략하게 알아보겠습니다.

K-START UP에 들어오시면 확인 가능하십니다.(2020년 09월 기준)

출처: www.k-startup.go.kr

회원가입 먼저 하셔야 합니다.

회원가입을 하고 나면, 어떠한 사업들이 있는지 세부적으로 확인 가능합니다. 매우 친절하게 예비, 초기, 도약으로 구분되어 있습니다.

출처: www.k-startup.go.kr

상단을 보시면, 현재 모집 중인 사업과 마감된 사업이 있습니다. 그리고 스크롤을 아래로 내리면 사업검색이 가능합니다.

본 책을 읽으시는 대표님의 경우 예창, 초창, 창성 등 사업화 패키지 프로그램 신청을 많이 하시게 되므로 글을 읽으시는 시점에서 사업신청기간이 종료되었다고 하면 '마감' 버튼을 눌러서 올해 어떠한 사업이 나왔으며 전체적인 방향성은 어떤 식으로 정부지원사업이 나오고 있는지 월별로 확인하시기를 당부드립니다. 월별로 준비하시라는 것은 처음 신청을 하게 되면 신청자의 심리가 당연하게도 선정되기를 바라지만, 만약 안

된다 하여도 연간 다양한 사업이 진행되고 있으니 다른 사업을 신청하기 위해서 월별 지원하는 사업을 미리 확인해 두시는 것을 권장합니다.

(2) 정부 초창, 예창, 재창, 창성의 트렌드

본 글을 쓰는 시점인 2020년에는 코로나19라는 전 세계적인 재앙으로 인하여 모든 것이 급격하게 변화하고 있습니다. 이러한 특수한 상황을 제외하면 패키지 지원사업의 트렌드는 있습니다.

먼저 말씀드릴 것이 2017년까지는 청년창업 중심이 가장 트렌디한 분야였습니다. 이때에는 청년분들은(만39세 미만) 어떠한 서비스업을 준비만 하여도 웬만하면 합격을 시켜 주던 시대였습니다. 2018년부터는 청년창업도 중요하지만, 일반적인 서비스업이 아닌 최소한 빅데이터 도입이 요구되었습니다. 빅데이터다 보니 AI도 도입이 되어야 합니다. 2019년부터는 조금 더 진화한 것이 빅데이터 및 AI 도입이 단순하게 오픈 라이브러리로 사용하는 것은 크게 의미가 없는 기술이었습니다. 또 이른바 4IR 관련 기술 중심으로 지원을 해주었습니다. 2020년 초반에도 2019년도와 비슷했지만 이른바 소재, 부품, 장비 스타트업을 중심으로 지원을 해주고 있었습니다. 일본의 수출규제로 인해서입니다. 또 코로나19로 인해서 비대면 등 코로나19 관련 스타트업 중심으로 활성화가 되었습니다. 이렇듯 기술의 흐름을 잘 살펴보아야 합니다.

2020년도 이후의 기술 트렌드를 감히 예측을 하면, 인공지능 분야는 RPA 분야와 딥러닝 영상처리 기술 중심, 제조 서비스는 AI 기반 협업 로봇, 빅데이터 분야는 유통 서비스 개선과 마케팅 인텔리전스가 유망

할 것으로 보이며 전통적인 BIG3, 스마트팩토리 분야도 강세를 보일 것으로 판단됩니다.

그럼 '나는 기술기반이 아닌데?'라고 생각하시는 분이 계실 것입니다. 우리나라는 기본적으로 제조중심의 국가입니다. 빠르게 서비스가 보급되고 있지만, 보급되는 서비스 역시 제조를 위한 서비스입니다. 단순하게 '생활편의 아이디어'는 이미 2017년도 이전에 지원이 사실상 종료되었습니다. 아쉽게도 단순 아이디어 수준이시면 선정되기 어렵습니다.

하지만 방법이 없는 것이 아닙니다. 내 아이디어의 강점을 잘 분석하고 고찰하면 단순 생활 서비스가 아닌 일반 국민이 필요로 하는 기술요소가 될 수 있습니다. 이러한 전략적 사고방식은 본 책의 실제 사업계획서 작성법을 읽다 보면 자연스럽게 얻어 가실 수 있도록 작성되었으니, 실제 사례를 잘 확인해 보시기를 부탁드립니다.

5

창업진흥원 사업계획서 기준으로 작성하는 사업계획서 작성법

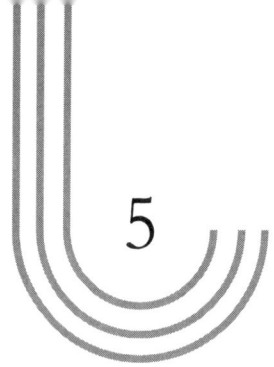

창업진흥원 사업계획서 기준으로 작성하는 사업계획서 작성법

　창업진흥원에서 진행하는 많은 사업의 사업계획서는 공통된 양식을 기준으로 작성하게 되었습니다. 물론 과제별 세부적으로 조금씩 다르기는 합니다만 하지만 창업진흥원 양식 중 대표적인 예비창업패키지 지원사업의 양식을 소개드리며 각 항목별 어떠한 것을 작성해야 하는지 알아보겠습니다.

예비창업패키지 사업계획서

※ 본문 5페이지 내외(일반현황, 창업아이템 개요 제외)로 작성(증빙서류 등은 제한 없음), '파란색 안내 문구'는 삭제하고 검정색 글씨로 작성하여 제출, 양식의 목차, 표는 변경 또는 삭제 불가(행추가는 가능, 해당사항이 없는 경우 공란으로 유지)하며, 필요시 사진(이미지) 또는 표 추가 가능

□ 일반현황(※ 온라인 신청서와 동일하게 작성)

신청 주관기관 (택 1)	대학(대학명)		창조경제혁신센터(센터명)		
창업아이템명					
기술분야	정보·통신, 기계·소재(* 온라인 신청서와 동일하게 작성)				
신청자 성명		생년월일	1900.00.00	성별	남 / 여
직업	교수 / 연구원 / 일반인 / 대학생…	사업장 설립 예정지	○○도 ○○시		
팀 구성(신청자 제외)					
순번	직급	성명	담당 업무	주요경력	비고
1	대리	○○○	해외 영업	미국 ○○대 경영학 전공	채용예정 ('20.5)
…					

□ 창업아이템 개요(요약)

창업아이템 소개	· ※ 핵심기능, 소비자층, 사용처 등 주요 내용을 중심으로 간략히 기재	
창업아이템의 차별성	· ※ 창업아이템의 현재 개발단계를 포함하여 기재 예) 아이디어, 시제품 제작 중, 프로토타입 개발 완료 등	
국내외 목표시장	· ※ 국내외 목표시장, 판매 전략 등을 간략히 기재	
이미지	※ 아이템의 특징을 나타낼 수 있는 참고사진(이미지) 또는 설계도 삽입	※ 아이템의 특징을 나타낼 수 있는 참고사진(이미지) 또는 설계도 삽입
	〈사진(이미지) 또는 설계도 제목〉	〈사진(이미지) 또는 설계도 제목〉

1. 문제인식(Problem)

1-1. 창업아이템의 개발동기
※ 국내·외 시장(사회·경제·기술)의 문제점을 혁신적으로 해결하기 위한 방안 등을 기재

ㅇ

-

1-2. 창업아이템의 목적(필요성)
※ 창업아이템의 구현하고자 하는 목적, 국내·외 시장(사회·경제·기술)의 문제점을 혁신적으로 해결하기 위한 방안 등을 기재

ㅇ

-

2. 실현가능성(Solution)

2-1. 창업아이템의 개발·사업화 전략
※ 비즈니스 모델(BM), 제품(서비스) 구현정도, 제작 소요기간 및 제작방법(자체, 외주), 추진일정 등을 기재

ㅇ

-

〈사업 추진일정〉

추진내용	추진기간	세부내용
제품보완, 신제품 출시	2020.0.0.~2020.0.0.	○○ 기능 보완, 신제품 출시
홈페이지 제작	2020.0.0.~2020.0.0.	홍보용 홈페이지 제작
글로벌 진출	2020.0.0.~2020.0.0.	베트남 ○○업체 계약체결
투자유치 등	2020.0.0.~2020.0.0.	VC, AC 등
…		

2-2. 창업아이템의 시장분석 및 경쟁력 확보방안

※ 기능·효용·성분·디자인·스타일 등의 측면에서 현재 시장에서의 대체재(경쟁사) 대비 우위 요소, 차별화 전략 등을 기재

◦

-

3. 성장전략(Scale-up)

3-1. 자금소요 및 조달계획

※ 자금의 필요성, 금액의 적정성 여부를 판단할 수 있도록 사업비 사용계획 등을 기재
※ 사업화자금 집행계획(표)에 작성한 예산은 사업아이템에 따른 금액의 적정성 여부에 대한 평가를 통해 감액 조정될 수 있음(평균 51.7백만 원 지원)
※ 사업비 세부 집행기준은 최종통과자를 대상으로 교육 진행

◦

-

〈사업화자금 집행계획〉

비 목	산출근거	금액(원)
재료비	• DMD소켓 구입(○○개×○○○○원)	3,448,000
	• 전원IC류 구입(○○개×○○○○원)	7,652,000
시제품제작비	• 시금형제작 외주용역(○○○제품 … 플라스틱금형제작)	
지급수수료	• 국내 ○○○전시회 참가비(부스임차, 집기류 임차 등 포함)	
…		
…		
…		
…		
합 계		

3-2. 시장진입 및 성과창출 전략

3-2-1. 내수시장 확보 방안

※ 내수시장을 중심으로 주 소비자층, 주 타겟시장, 진출시기, 시장진출 및 판매 전략 등을 구체적으로 기재

◦

-

3-2-2. 해외시장 진출 방안

※ 해외시장을 중심으로 주 소비자층, 주 타겟시장, 진출시기, 시장진출 및 판매 전략 등을 구체적으로 기재

◦

-

4. 팀 구성(Team)

4-1. 대표자 및 팀원의 보유역량

◦ 대표자 현황 및 역량

※ 창업아이템과 관련하여 대표자가 보유하고 있는 이력, 역량 등을 기재

-

◦ 팀원현황 및 역량

※ 사업 추진에 따른 팀원현황 및 역량을 기재

순번	직급	성명	주요 담당업무	경력 및 학력 등	채용시기
1	과장	○○○	S/W 개발	컴퓨터공학 박사	'20.5
2	대리		해외 영업(베트남, 인도)	○○기업 해외영업 경력 8년	
3	…		R&D	○○연구원 경력 10년	

○ 추가 인력 고용계획

순번	주요 담당업무	요구되는 경력 및 학력 등	채용시기
1	S/W 개발	IT분야 전공 학사 이상	'20.1
2	해외 영업(베트남, 인도네시아)	글로벌 업무를 위해 영어회화가 능통한 자	
3	R&D	기계분야 전공 석사 이상	

○ 업무파트너(협력기업 등) 현황 및 역량
※ 창업아이템 개발에 필요한 협력사의 주요역량 및 협력사항 등을 기재

순번	파트너명	주요역량	주요 협력사항	비고
1	○○전자		테스트 장비 지원	~20.00
2	…			협력 예정

위 양식은 K-START UP에서 지원하기를 누르면 쉽게 다운받으실 수 있습니다.

먼저 예비창업패키지 지원사업 신청서이다 보니 페이지 수가 5페이지 내외입니다. 우리는 예비창업자분들을 포함해서 본 글을 읽고 계시니 꼭 기억하셔야 할 것이 있습니다. 5페이지 작성 권고라고 5페이지 작성하면 떨어집니다. 10페이지까지 작성하셔도 좋지만 추천드리는 것은 7~8페이지입니다. 물론 처음 사업계획서를 작성하시면 1~2장 작성하기도 어려우실 수 있습니다. 이것은 경험이 없기 때문이고 왠지 우리 기술은 이렇게 대단한 것이 아니어서 많이 쓰실 것이 없다고 생각하실 수 있지만 사실 회사를 딱 5페이지로 소개한다는 거 자체가 저는 무리 아닌가, 오히려 몇십 장으로 해야지만이 우리 회사를 효과적으로 설

명할 수 있지 않을까? 하는 생각이 듭니다. 그래서 처음에는 어렵다는 생각이 들지만 이 책을 끝까지 읽어 주신다면 예비창업패키지 지원사업 사업계획서라 할지라도 10페이지가 넘어서 '이걸 어떻게 편집하지?'라는 생각을 하시게 될 것입니다. 그만큼 사업계획서를 작성하는 요령이 있으니, 이 요령을 본 책을 통해서 충분히 연습하시어 초기 창업 시 본 책을 읽지 않으신 분들에 비해 상대적으로 안정적인 창업을 하실 수 있습니다. 그럼 사업계획서의 총 항목인 '문제인식', '실현가능성', '성장전략', '팀 구성' 항목에 어떠한 내용을 중심으로 작성해야 하는지 알아보겠습니다.

다시 말씀드리면 사업마다 요구하는 페이지 수는 다르고 또 적은 페이지 수에 우리의 사업을 다 소개하기 어려우니 하나씩 핵심사항을 확인해 가면서 작성하겠습니다.

아래는 큰 꼭지별 어떠한 내용을 중심으로 작성을 해야 하는지 알아보겠습니다.

▢ 창업아이템 개요(요약)

창업아이템 개요가 가장 중요합니다. 물론 '개요 작성하기' 부분에서 어떤 식으로 개요를 작성해야 하는지 세부적으로 말씀드릴 예정입니다. 본 항목의 원래 목적은 본문 작성이 끝나고 이를 요약해서 정리하는 항목으로서, 이 항목이 왜 가장 중요한지 그 개념에 관해 설명하겠습니다.

우리는 사람을 만날 때 처음 보는 것이 있습니다. 상대방의 얼굴, 외형, 손짓, 발짓, 음성, 냄새 등 여러 가지를 보고 처음 만나는 대상을 평가합니다. 그리고 이러한 평가는 오래 걸려도 2~3분 안에 긍정 또는 부정의 태도가 형성됩니다. 첫 느낌에 모든 것이 결정된다고는 하지만 실제로는 그렇지 않습니다. 구체적으로 첫 모습에서 우리는 들어오는 정보에 대해서 인지를 합니다. 이렇듯 대부분 사람은 첫 모습에 대부분의 것을 인지하고 이 인지 즉 지각된 것을 근거로 정보탐색을 시작하며 이러한 정보탐색 과정 초반에 바로 태도 형성이 됩니다. 태도 형성 이후에는 웬만해서는 태도가 변경되기 어렵습니다.

사업계획서도 마찬가지입니다. 누군가에게 우리 사업계획서를 소개할 때 처음이 가장 중요합니다. 소개를 받는 사람 입장에서 사업을 소개받자마자 사업에 대해 인지를 하고 지각을 하게 되며 자신의 경험을 중심으로 정보 탐색을 시작합니다. 동시에 사업을 소개하는 사람으로부터 초기설명을 들어 가면서 사업아이템에 대해 인지(지각)하자마자 바로 태도를 형성합니다. 우리는 이때 고객사 또는 청취자 즉 평가위원들이 어떤 태도를 갖는지는 알 수 없습니다. 그래서 상대방이 긍정태도를 갖는지 아니면 부정태도를 갖는지를 확인하기 어려우니 부정태도로 시작할 때를 가정하고 최대한 긍정태도를 만들어 내야 합니다. 앞서 설명드린 것은 대면미팅일 때 해당됩니다. 하지만 창업패키지 지원사업은 대면미팅 이전에 서면평가가 진행됩니다. 서면평가 즉 글로서 100% 평가

합니다. 매우 담백하게 신청자가 작성한 글을 기준으로 평가위원은 인지하고 지각하며 정보를 찾아가면서 태도를 형성합니다. 이것이 매우 어렵습니다. 평가위원마다 성향이 다 다릅니다. 그래서 저는 '창업아이템' 부분을 작성할 때 선택한 방법은 담백하고 깔끔하게, 그리고 시각화입니다. 그러기 위해서는 당연하게도 개조식, 1줄을 넘어가지 않는 단답식, 시각화를 중심으로 작성해야 합니다. 다음 챕터부터 사례 중심으로 세부 설명 드리겠습니다. 그럼 본문으로 들어가서

1. 문제인식(Problem)

'1. 문제인식'과 '2. 실현가능성' 이 두 챕터가 사업계획서의 핵심입니다.

'1. 문제인식'은 제목에서 보이듯이 지금 문제가 있어야 합니다.
문제인식은 크게 '1-1. 창업아이템의 개발 동기'와 '1-2. 창업아이템의 목적(필요성)'에 대해서 작성합니다. 본문을 작성하기 앞서서 우리는 매우 깊이 있게 생각해 보아야 합니다.

우리는 사실 문제가 없습니다. 왜냐하면 대부분의 프로젝트에서 문제가 있으면 반드시 리뷰를 하고 수정을 해야 하기 때문에 우리는 직감적으로 문제를 느끼면 바로 수정하려고 합니다. 하지만 비즈니스 측면에서 보겠습니다. 문제가 있다면 이것은 곧 기회입니다. 문제를 해결하면 비

즈니스가 될 수 있다는 것입니다. 그럼 문제의 종류에 대해서 알아보면

- 현재 상태의 변화
- 미래 상태의 변화
- 현재와 미래 상태의 변화

문제의 종류는 크게 세 가지로 볼 수 있겠습니다.

- 현재 상태의 변화

보통 문제인식은 현재 상태의 변화를 많이 느끼는 것에서 출발합니다. 지금 '이런저런' 불편이 있어서 '이런저런' 불편을 해결하면 좋을 거 같다, 라는 가설에서 출발합니다. 가설이 있으므로 현재는 '이런저런' 문제가 일반적인 사실들이며 내가 주장하는 방법을 사용하면 '이런저런' 문제들이 해결돼서 과거보다 더 좋다, 즉 인과관계가 명확해야 합니다.

예를 들어 설명드리면, '스타트업이 초기 해외 수출을 준비할 때 많은 어려움이 있다'라는 일반적인 사실을 문제로 인식한다면 '스타트업은 초기 해외 수출에 많은 문제가 있구나!', '많은 문제를 해결하면 스타트업이 수출하는 데 문제가 없겠구나!'라고 볼 수 있습니다. 인과관계로 보면 원인은 '준비할 많은 어려움 = 문제'가 됩니다. 이로 인해서 '수출이 어렵다'라고 생각할 수 있습니다. 그럼 여기서 '우리 서비스를 이용해서 이런 문제를 해결한다면' 스타트업은 문제가 없어져서 수출 시 어려움

이 적어져야 합니다. 당연한 이야기입니다만 이렇게까지 깊게 고민하지 않고 사업계획을 하십니다. 그래서 사업을 실패하시는 것입니다.

– 미래 상태의 변화

우리는 종종 미래가 변화함에 따라 우리가 예상한 방향대로 흘러가지 않습니다. 그래서 예측하지 못한 미래에 대해 두려움이 많고 이를 해결하려고 노력합니다. 미래 상태의 변화는 바로 이런 것입니다. 글을 쓰고 있는 시점인 2020년에는 이미 4IR 시대에 들어서 있습니다. 4IR 시작하는 시점에서는 '빅데이터', 'AI' 이런 것들이 매우 난해한 것들이었습니다. 하지만 2020년에는 기본적인 것들이 되었습니다. 파이썬의 여러 라이브러리 프로그램 중 하나를 다운받아서 코딩을 하면 저와 같은 비전공자들도 상대적으로 간편하게 '빅데이터'와 'AI'를 이용할 수 있는 시대입니다. 4IR 초기에는 이렇게 간단하게 사용할 수 있을 것이라 생각했을까요? 전혀 아닙니다. 실제로 제가 멘토링을 했던 국내 빅데이터 전문기업은 '정형데이터' 처리에 매우 특화되어 있는 기업입니다. 그래서 국내 및 해외 금융권에서 높은 매출을 올렸습니다. 하지만 지금은 이게 어려운 기술이 아닌 시대입니다. 이렇게 미래가 변화하였으니 변화된 미래에 적절하게 미리 대응해야 하는 것입니다.

예를 들어 설명드리면, '진공믹서기는 과일 및 야채별로 적합한 블레이딩(칼질) 방법이 있어서 이러한 적절한 칼질을 통해야만 과일 및 야채의 신선도를 오래 유지할 수 있어.' 여기서 포인트는 야채별 적합한 블레이딩이 있다는 것입니다. 하지만 진공믹서기 즉 가전주방에도 AI가 도입이 되고 있습니다. 그래서 '진공믹서기에 AI를 도입해서 과일 및 야채별 최적화된 블레이딩 기술을 공유하고 나의 진공믹서기가 알아서 해주었으면 해'라고 미래에 대비해야 하는 것입니다.

- 현재와 미래상태의 변화

현재와 미래에 동시에 변화를 요구하는 것입니다. 위 두 가지 핵심내용이 모두 요구되는 것으로 가장 진보적인 방법에 해당된다고 생각합니다. 현재 상태의 애로사항을 해결하면서 미래변화에도 대응하는 것입니다. 현재 제공되는 제품이나 서비스에 불편을 느끼고 동시에 소비자의 환경이 변화하기 때문에 여기에 적합하게 변화된 모습을 선제적으로 제시해야 하는 것입니다.

예를 들어 설명드리면, '공연예술을 하는 사람들은 적은 비용으로 많은 일을 해야 해서 자동화 로봇 시스템이 필요해'라는 것은 현재 반복적으로 진행되는 일들에 RPA(Robotic Process Automation)에 대한 도입이 필요하다는 것입니다. 여기에 추가로 '공연예술 하는 사람들은 자동화 작업으로 시간이 남으면 추가적인 일을 더 하려고 할 것이고 추가적인 일이 무엇일까 조사해 보니 개인실적의 축적일 거야' 즉 미래상태의 변화를 예측하는 것입니다. 시간이 남으니 다른 일을 할 것이라 추측하고 그 일은 자기의 공연실적을 포트폴리오로 구축하는 것을 희망하리라는 것입니다. 이 두 가지 모두 충족하는 서비스가 등장한다는 전제 아래 가능하고 우리는 그런 서비스를 제공하게 되는 것입니다.

'문제인식'에 대해서 조금 깊이 있게 생각했습니다. 이러한 깊이 있는 생각을 우리는 흔히 지나쳐 오고 이런저런 불편을 해결하며 돈이 되겠지? 라는 단순한 생각에서 출발합니다. 하지만 이러한 단순한 생각을 조금 더 깊게 생각하면 그 아이디어가 정말 단순한 건지 아니면 깊이 있는 생각에서 출발하는 것인지가 나오며 그 고민의 깊이에 따라 사업성공 결정이 갈라지게 됩니다. '문제인식' 작성방법은 매 과제 작성방법별 예를 들어 설명드리겠습니다.

1-1. 창업아이템의 개발동기

창업아이템의 개발 동기에 대해서 담백하게 적어 나갑니다. 사회적으로 생활에서 경험하게 되는 복합적인 상황 중에서 우리가 겪는 애로사항들에 대해서 이야기를 하는 것입니다. 애로사항에 대해서 이야기를 하다 보니 당연하게도 해결하기 위한 방법도 설명해야 하는 것입니다.

창업아이템을 선택한 이유가 될 것입니다. 여기서 중요한 것은 '그냥 하다 보니 선택을 했다', '내가 이거 하다 보니 돈 될 거 같아서 했다', '내가 이것만 할 줄 알아 이걸 선택했다'는 분위기의 내용이 들어가면 절대 안 됩니다. 반드시 사회적 문제가 있어야 하고 이를 통해 달성 가능한 문제 해결방법 그리고 시장성이 있다고 강조를 해야 합니다. 저는 개인적으로 해결방법까지는 적지 않습니다. '이런 문제가 있어서, 이런 방법으로 하면 되지 않을까?'로 넘어갑니다. 큰 이유가 있는 것이 아니고 저만의 글을 작성하는 스토리텔링 기법입니다. 자세한 것은 예제를 보면서 하겠습니다.

1-2. 창업아이템의 목적(필요성)

창업아이템의 목적에 대해서 작성을 합니다. 주된 방향성은 '1-1. 창업아이템의 개발동기'를 좀 더 강조를 해서 작성하시는데 개발동기와는 비슷하지만 독립적인 방향으로 작성을 해야 합니다. 다소 어려운 이야기이지만 예시를 보면 바로 이해 가실 것이라 믿습니다. 또한 작성 방향에 반드시 들어가야 하는 것들이 사회의 문제에 대해서 앞서서 이야기를 했으니 여기는 근거 자료와 함께 들어가면 더 좋고 앞서서 '이런 문제들이 있어서 이렇게 해결하는 게 좋을 것이다'라고 작성을 했으니 그 해결방법을 구체적으로 언급을 합니다. 즉 우리 아이템을 구체적으로 설명해야 하는 구간입니다. 그리고 한 가지 더, 소비자가 필요성을 느껴야 하지 않을까요?

2. 실현가능성(Solution)

다음으로 '실현가능성'입니다.

실현가능성은 아이디어가 비즈니스 모델이 현실적으로 실현이 가능한지에 대한 포괄적인 질문으로 방법론과 사업성에 대한 타당성을 물어

보는 것입니다. 여기서 말하는 타당성은 사업에 대한 타당성 중 방법론에 대한 타당성 즉 위의 급한 '문제인식' 이후 어떠한 방법으로 문제를 해결할 것인지 그 방법론에 대해 설명하는 것입니다.

2-1. 창업아이템의 개발·사업화 전략

대표적인 방법이 비즈니스 모델에 관해 설명하는 것과 현재까지 구축한 제품 및 서비스에 대한 설명입니다. 만약 이런 것들이 진행되지 않았다면 제작방법 등 구체적인 것을 보여 주어야 합니다. 그리고, '특허가 있다'라고 하면 매우 좋습니다. 이런 내용들이 '2-1 전략'에 들어가는 것입니다.

먼저 비즈니스 모델에 대해 설명드리면

비즈니스 모델은 우리말로 말 그대로 사업의 형태입니다. 어떠한 형태로 사업을 하느냐에 대한 전체적인 ROAD MAP입니다. ROAD MAP를 설명하는 방법은 다양하게 있지만 가장 보편적으로 사용되는 방법이 비즈니스 모델 캔버스인 9 블록 모델을 차용하는 것입니다, 이 모델을 차용하게 되면 간단한 도식으로 우리의 비즈니스 모델을 모두 설명 가능하지만 최대 단점이 있습니다. 아무리 축소를 한다고 하여도 반 페이지 정도를 차지하게 됩니다. 그래서 예비창업패키지 지원사업에서의 사용은 전체적인 아이디어를 설명하기에 적절한 방법이기는 하지만 초기창업패키지 지원사업에서의 사용은 무려 반 페이지의 사용이기 때문에 조금은 고민해 봐야 할 것입니다.

다음으로 작성해야 할 것은 제품 및 서비스의 구현 정도를 표현해야 합니다.

예비창업자의 경우 당연하게도 제품이나 서비스가 안 되어 있을 가능성이 높습니다. 제품이나 서비스가 준비되어 있으면 예비창업 수준에서 창업직전까지 다다른 경우일 것이기 때문입니다. 그래서 아이디어 수준에서 예비창업자분들이 많은 도전을 하고 계시는데 많이 떨어지는 이유가 바로 '아이디어' 수준입니다.

예비창업자 대표님이더라도 최소한의 것, 목업제품이나 3D 모델링 출력물 정도는 있으셔야 합니다. 그리고 실제 제품을 생산하기 위한 구체적인 방법까지 파악을 완료해둔 상태여야 합니다. 이러한 것은 앞서 말씀드린 비즈니스 모델을 구성하다 보면 자연스럽게 확보 가능합니다. 제품이 아닌 서비스라 할지라도 무형의 서비스는 사실 존재하지 않습니다. 우리가 병원에 가서 의료 서비스를 받는다고 생각을 하면 병원이라는 물리적인 공간, 병원 내의 의료행위와 직접적인 관련이 있는 물리적인 것들, 직접 관련이 없더라도 고객 서비스를 위한 물리적인 것들이 있습니다. 이렇듯 우리는 100% 무형의 서비스는 찾기 어렵습니다. 서비스 확장을 위한 서비스 프로그램(App.) 개발이라 할지라도 결국 서비스 프로그램이라는 가시적인 서비스를 이용해서 소비자가 이용하게 됩니다. 이렇듯 눈에 보이는 무언가가 있어야 합니다. 우리는 예비창업자라 하면 합리적인 생각이 아직 사업을 시작하지 않았으니 아무것도 없고 이게 당연하다 생각하지만 실제 예비창업패키지 지원사업에 참여하시는 대부분의 예비창업자분들은 일정부분 사업을 진행하고 계십니다. 그러니 우리도 사업자 등록증을 내기 전에 미리 이런 것들을 준비해야 합니다. 기창업자분들이시라면 당연히 이런 준비 사항이 완료되었다고 판단이 되므로 영업하시는 것을 통해 실제 매출이 발생되셔야 합니다. 이런 것들이 서비스 및 구현정도 항목으로 작성해야 하는 항목입니다.

다음으로 제작방법이나 추진일정을 작성하셔야 합니다.

실제 제품의 경우 제작방법을 서술하시면 되고 서비스의 경우도 마찬가지입니다. 2018~2019년까지만 하여도 어플리케이션 제작을 위한 지원사업을 신청할 때 '빅데이터 적용', 'AI 적용' 이런 식으로 단순하게만 표현을 하면 되었지만 2020년부터는 보다 구체적으로 '어떤 어떤 프로그램을 이용해서', '어떤 어떤 라이브러리를 응용해서'와 같이 구체적으로 제시를 해야 합니다. 구체적으로 작성을 하시게 되므로 당연하게도 소요기간과 방법 추진일정이 디테일하게 나오게 됩니다. 추진일정의 경우 저는 사업계획서에서 권장하는 양식이 아닌 제가 만든 양식을 사용합니다. 자세한 것은 항목 설명 시 예시를 통해 설명드리겠습니다.

2-2. 창업아이템의 시장분석 및 경쟁력 확보방안

창업아이템이 아이디어가 아무리 좋아도 시장성이 확보되지 않으면 필요 없습니다. '2-2 창업아이템의 시장분석 및 경쟁력 확보방안' 사업성에 대해서 구체적으로 표현을 하고 작성을 해야 합니다. 제가 과제를 평가하다 보면 종종 경험하게 되는 것인데 먼저 아이디어가 참신한 서비스나 제품들이 너무 많이 나옵니다. 정말 한국의 창업자들은 대단 하십니다. 하지만 딱 거기까지입니다. 바로 사업성 부분에서 크게 매력 있는 아이디어가 없습니다. 물론 제품이나 서비스가 개발되면 시장에 없었던 사업이니 돈은 될 것입니다. 하지만 얼마가 되느냐가 중요합니다. 개발자 입장에서 1년에 몇 억씩 매출이 나온다고 주장을 하시지만 그런 근거도 없고 사실 그 정도 매출은 제 개인적인 생각으로 신사업을 진행하면서 정부지원을 받기에는 그렇게 크다고 보기 어렵습니다. 매출이 10억이 나와도 실제 수익금은 6~7천만 원이 되는 것이 현실이기 때문입니다. 하지만 수익금이 6~7천이 남는 사업이라 할지라도 구체적인 방법과 시장성을 보여 준다면 선정 가능성이 있습니다. 하지만 대부분의 창업자분들이 이런 구체적인 시장조사를 하지 않으시고 '얼추~ 감으로~~', '누가 카더라~' 하는 식의 시장성만 보시고 창업을 하십니다. 참 안타까운 현실입니다. 경쟁력 확보 방안이니 당연하겠지만 유사제품대비 우위가 반드시 있어야 하며 그들과의 차별성도 반드시 있어야 합니다.

3. 성장전략(Scale-up)

이제 가장 중요한 두 개의 단락이 완성이 되었으니 사업을 어떤 방식으로 운영할지에 대해서 이야기하는 구간입니다. 먼저 사업을 운영하기 위해서는 '돈'과 '사람'이 있어야 합니다. 먼저 '돈'과 이 '돈'을 어떻게 마련하고 어떻게 활용해서 '얼마를' 벌고 '얼마를 추가 투자하고' 등등 이런 부분을 이야기하는 항목입니다.

자금 사용계획을 세우시면서 '정부지원 없으면 사업 못 하는가?'라는 합리적인 질문을 스스로에게 던져 보시겠습니다. 정부지원이 없으면 탄생하지 못하는 사업은 지원해 주지 않습니다. 그러니 반드시 전체 사업비는 1억 수준이 돼야 하고 이 중 6~7천만 원을 정부가 지원해 주고 남은 3~4천만 원을 자부담으로 해야 하는 것입니다. 1억을 사업비로 산정을 하고 정부지원을 6~7천만 원으로 하는 이유는 너무 간단합니다. 어차피 최대 7천만 원 지원해 줍니다. 가끔 1억까지 받았다는 분도 계시지만 제가 멘토링한 기업은 대부분 6~7천만 원 선입니다. 그러니 계산하기도 편하게 1억 수준에 맞추어 작성하시면 됩니다. 먼저 사업비 확보 방법에 대해 서술하시고 그리고 집행방법에 대해 개조식으로 작성하시면 됩니다.

3-1. 자금소요 및 조달계획

자금확보 방법에 대해서 구체적으로 작성을 합니다. 본 항목은 서술식 표현보다는 개조식 표현이 더 깔끔하고 좋습니다. 저는 테이블로 만들어서 매우 간단하게 작성합니다.

그리고 사용계획을 작성하시는데, 기본 양식에 있는 방법으로 작성하는 것도 나쁘지 않습니다. 하지만 좀 더 깔끔한 것을 원하시는 분들은 본인이 직접 테이블을 만들어 작성하는 것도 좋은 방법입니다.

3-2. 시장진입 및 성과창출 전략
　3-2-1. 내수시장 확보 방안
　3-2-2. 해외시장 진출 방안

'3-2. 시장진입 및 성과창출 전략'은 어떻게 갔다 팔 건데? 라는 질문에 답변을 하시는 것입니다. 판매 중심의 마케팅 전략을 작성하는 부분입니다. 어떤 분들은 여기에 홍보방법으로 대부분을 채우시는 경우가 다반사인데, 그럼 탈락합니다. 여기는 홍보방법의 구체성을 기록하는 것이 아닌 전략을 작성하는 구간입니다. 주로 작성해야 할 부분은 목표로 하는 시장에 대한 구체성 그리고 제품이 언제 완료가 되며 언제쯤 출시될 것이라는 구체성 판매를 하기 위한 판매 전략 등입니다.

문제는 해외시장 진출방안인데, 예비창업자나 초기창업자의 경우 해외시장 진출방안을 적기 매우 애매합니다. 물론 실제로 해외판매전략을 가지고 계시면 훌륭합니다. 하지만 우리는 국내 판매도 어렵습니다. 그렇다고 어려운 것을 그대로 작성하시면 안 되고 최소한의 노력은 해야 합니다. 역시 구체적인 것은 사례를 들면서 설명드리겠습니다.

4. 팀 구성(Team)

마지막 장인 '4. 팀 구성'입니다.
대표자의 현황과 팀원들 설명 그리고 신규고용입니다. 여기에서 가장 중요한 부분은 대표자의 역량입니다. 대표자가 역량이 없으면서 사업을 준비하시는 경우가 매우 빈번합니다. 저의 다른 책이나 강의에서 매우 강조하는 것이 대표자의 역량입니다. 준비가 안 되시고 아이디어만 있으신 분들은 자본이 많으셔야 합니다. 만약 자본도 없으시다면 그냥 직장 다니시는 것을 적극 권장합니다.

6

사업공고를 기준으로 준비하는 예비창업패키지 지원사업

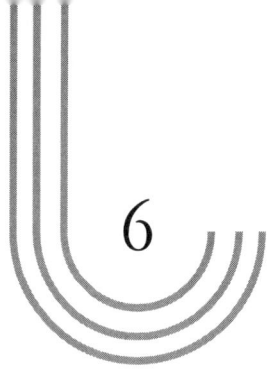

사업공고를 기준으로 준비하는 예비창업패키지 지원사업

    예비창업패키지는 예비창업자를 대상으로 합니다. 예비창업자란 쉽게 생각하면 사업자등록증을 아직 발급하지 않은 사업자를 말합니다. 하지만 이 규정은 해마다 바뀌고 있습니다. 바뀐다는 의미는 예비창업자에 대한 법적 해석이 매번 변화한다는 것입니다. 그럼 모집요강을 보고 모집요강에 대한 설명을 하면서 중요 포인트 설명드리겠습니다. 먼저 일반분야입니다.

중소벤처기업부 공고 제2020 - 55호

2020년 예비창업패키지 일반분야 예비창업자 모집 공고

혁신적인 기술 창업 소재가 있는 예비창업자를 육성하기 위한 『2020년 예비창업패키지』에 참여할 예비창업자를 다음과 같이 모집합니다.

※ 수정사항: ① **(접수기간 연장)** (기존)2.3~3.2 → (변경)2.3~3.16
② **(가점지표 신설)** 감염병 예방·진단·퇴치 관련 기술로 창업 예정인 자(1점)

2020년 1월 31일
중소벤처기업부장관

1 모집개요

□ 사업목적
- 혁신적인 기술 창업 소재가 있는 예비창업자의 원활한 창업사업화를 위하여 사업화 자금, 창업교육, 멘토링 등을 지원

□ 신청자격
- 사업공고일까지 창업경험(업종 무관)이 없거나 공고일 현재('20.1.31 기준) 신청자 명의의 사업체를 보유하고 있지 않은 자

  - 폐업 경험이 있는 자는 이종업종*의 제품이나 서비스를 생산하는 사업자를 창업할 예정인 경우에 한하여 신청 가능

  * 업종은 한국표준산업분류의 세분류(4자리)를 기준으로 함(통계청 통계분류포털 참조)

□ 지원내용
- 창업사업화에 소요되는 자금을 평균 51백만 원(최대 1억 원) 지원
- 전담멘토*가 바우처 관리 및 경영·자문 서비스 제공

  * 창조경제혁신센터의 경우 센터 내부소속의 PD(Program Director)가 전담멘토 역할을 수행하며, 예비창업자는 지정된 PD를 변경할 수 없음

- **창업교육**(40시간) **프로그램 지원**(예비창업자 수료 필수)

'1. 모집개요'에서 '사업목적', 특별한 것이 없습니다. 넘어가시면서 중요한 사항 중 하나인 '신청자격'을 보겠습니다. 제일 먼저 공고일 기준 창업경험이 없어야 합니다. 그리고 본인명의의 사업체가 없어야 합니다. 먼저 창업경험의 의미는 '사업자등록증을 발급받은 사실'이 있느냐 없느냐입니다. 과거 호기심에 사업자를 신청하신 경험이 있으셔도 안 됩니다. 실제로 했느냐 안 했느냐가 중요한 게 아니고 사업자등록증을 냈던 적이 있느냐 없느냐입니다.

다음으로 '신청자 명의의 사업체'인데 '사업체'의 개념은 본인이 대표자로 있는 회사를 포함합니다. 그러니깐 어떤 회사에 대표이사로 등록이 되었으면 창업이 아닙니다. 여기까지는 무난하게 이해되시는데 '이종업종'의 개념입니다. 과거 창업을 한 적이 있다고 무조건 다 안 되는 것이 아니라 과거의 창업형태와 세분류가 다르면 됩니다. 세분류(4자리)라고 하는데 구체적으로 보면

대분류(1자리)	중분류(2자리)	소분류(3자리)	세분류(4자리)
제조업	음료제조업	알콜음료 제조업	탁주

조금 이해되시나요? 조금 과장하게 해석하면 탁주, 그러니깐 막걸리 만들다가 맥주 만들면 창업입니다. 하지만 보통 이런 경우는 적고 요식업 하시다 제조업을 하시든지 제조업 하시다 서비스업을 하시든지 이런 경우가 많이 있습니다. 즉 대분류가 다르신 경우 '예비창업, 창업'에 해당됩니다.

지원내용은 크게 특별한 것이 없습니다. 다음으로

□ 모집규모: 1,100명 내외(최종선정자 기준)

◦ 공고일 기준, 출생일자에 따라 청년*, 중장년**으로 구분하여 선정 예정
* 청년: 만 39세 이하('80년 2월 1일 이후 출생)인 자
** 중장년: 만 40세 이상('80년 1월 31일 이전 출생)인 자

주관기관	청년		중장년 소재지	소재지 주관기관	주관기관		청년 소재지
	청년	중장년			청년	중장년	
강원창조경제혁신센터	15	10	강원(춘천)	강원대학교	12	8	강원(춘천)
경기창조경제혁신센터	36	24	경기(성남)	건국대학교	21	14	서울
경남창조경제혁신센터	18	12	경남(창원)	경기대학교	24	16	경기(수원)
경북창조경제혁신센터	16	10	경북(구미)	계명대학교	11	7	대구
광주창조경제혁신센터	18	12	광주	대구대학교	18	12	경북(경산)
대구창조경제혁신센터	18	12	대구	동아대학교	16	11	부산
대전창조경제혁신센터	16	11	대전	부산대학교	19	13	부산
부산창조경제혁신센터	21	14	부산	성균관대학교	22	15	경기(수원)
빛가람창조경제혁신센터	6	4	전남(나주)	숭실대학교	24	16	서울
서울창조경제혁신센터	27	18	서울	연세대학교	19	13	서울
세종창조경제혁신센터	16	10	세종	원광대학교	19	13	전북(익산)
울산창조경제혁신센터	15	10	울산	인천대학교	20	13	인천
인천창조경제혁신센터	28	19	인천	전북대학교	21	14	전북(전주)
전남창조경제혁신센터	23	16	전남(여수)	한국산업기술대학교	19	12	경기(시흥)
전북창조경제혁신센터	15	10	전북(전주)	한밭대학교	20	13	대전
제주창조경제혁신센터	9	6	제주	한양대학교	24	16	서울
충남창조경제혁신센터	18	12	충남(아산)	호서대학교	21	14	충남(아산)
충북창조경제혁신센터	9	6	충북(청주)				
포항창조경제혁신센터	6	4	포항				

* 거주지, 창업예정지 등에 관계없이 1개의 주관기관에 한하여 신청 가능하며 접수마감
('20.3.16(월), 18:00) 후 신청 주관기관 변경은 불가

> ※ 2020년 예비창업패키지 특화분야 모집 안내('20.3월 공고 예정)
>
> - **모집분야(지원규모)**: 4차 산업혁명(375명), 소셜벤처(100명), 여성(100명), 관광(25명)
>
>   * 모집분야별 지원규모는 변경될 수 있으며, 주관기관 현황, 주관기관별 모집규모, 신청기간 등 세부사항은 '20.3월에 K-Startup 누리집에 게시 예정인 공고문 참조

여기에서 중요한 포인트는 청년과 중장년이 구분되는 것이고 더 중요한 것은 주관기관의 선정입니다. 지원규모를 보시면 주관기관별로 TO가 다릅니다. 그러니 눈치싸움도 조금 필요합니다. 제 경험상 지방으로 갈수록 경쟁률이 덜합니다. 본래 주관기관의 의미는 각 주관기관마다 특색이 있어서 특화분야가 다릅니다. 하지만 현실적으로 지방으로 갈수록 경쟁률은 낮습니다. 여기서 궁금한 것이 '그럼 나는 서울 사는데 경기도에 신청해도 되냐?'라는 합리적인 질문이 있는데 서울에 사셔도 충북에 신청하셔도 됩니다.

다음으로 보셔야 할 것이 특화분야입니다. 그럼 잠깐 특화분야를 확인하고 가겠습니다.

특화분야는 일반분야와 다르므로 공고문도 다르게 나옵니다.

중소벤처기업부 공고 제2020 - 184호

2020년 예비창업패키지 특화분야 예비창업자 모집공고

혁신적인 기술 창업 소재가 있는 예비창업자를 육성하기 위한 『2020년 예비창업패키지』에 참여할 예비창업자를 다음과 같이 모집합니다.

2020년 3월 17일
중소벤처기업부장관

1 모집개요

□ 사업목적

∘ 혁신적인 기술 창업 소재가 있는 예비창업자의 원활한 창업사업화를 위하여 사업화 자금, 창업교육, 멘토링 등을 지원

□ 신청자격

∘ 사업공고일까지 창업경험(업종 무관)이 없거나, 공고일 현재('20.3.17 기준) 신청자 명의의 사업체를 보유하고 있지 않은 자

 - 폐업 경험이 있는 자는 이종업종*의 제품이나 서비스를 생산하는 사업자를 창업할 예정인 경우에 한하여 신청 가능

   * 업종은 한국표준산업분류의 세분류(4자리)를 기준으로 함(통계청 통계분류포털 참조)

□ 지원내용

∘ 창업사업화에 소요되는 자금을 평균 51백만 원(최대 1억 원) 지원

∘ 전담멘토가 바우처 관리 및 경영·자문 서비스 제공

∘ 창업교육(40시간) 프로그램 지원(예비창업자 수료 필수)

□ 모집규모: 600명 내외(최종선정자 기준)

모집분야	주관기관	지원규모(명)
인공지능	광주과학기술원	40
지능형반도체, 5G	구미전자정보기술원	25
스마트시티	스마트도시협회	70
자율주행	한국도로공사	10
O2O, 사물인터넷	한국발명진흥회	25
스마트헬스케어	한국보건산업진흥원	50
신재생에너지	한국세라믹기술원	20
스마트팜, 드론	한국임업진흥원	20
빅데이터	한국정보화진흥원	25
첨단소재, 3D프린팅	한국탄소융합기술원	20
빅데이터, 클라우드	한국특허정보원	25
스마트공장, 블록체인	한국표준협회	25
핀테크	한국핀테크지원센터	20
스마트관광	한국관광공사	25
소셜벤처	벤처기업협회	100
여성	한국여성벤처협회	100

* 거주지, 창업예정지 등에 관계없이 1개의 주관기관에 한하여 신청 가능하며 접수마감 ('20.4.20(월), 18:00) 후 신청 주관기관 변경은 불가
** 2020년 예비창업패키지 일반분야 모집공고('20.1.31) 신청자도 신청 가능하나, 일반분야 최종선정 확정 시, 평가대상에서 제외될 수 있음

모집분야 확인하셨을 것입니다. 모집분야의 의미 해석을 해야 합니다. 해석하는 결과에 따라서 본인의 아이템이 모집분야에 적합하시면 특화분야에 신청하시는 것입니다. 일반분야로 신청을 하셔도 좋지만 특화분야에 신청을 하라는 것은 경쟁률이 일반분야보다 낮기 때문입니다. 물론 구체적인 경쟁률을 알 수는 없지만 제 경험상 휴리스틱하게 말씀드리면 특화분야가 확실하게 경쟁률이 낮습니다. 이유는 당연하게도 해

당 사업에서 권장하는 기술에 대한 충분한 지식과 사업성을 확보한 기업만 지원할 수 있기 때문입니다.

모집개요를 확인하셨으면 다음으로 확인하셔야 하는 내용은

2 신청 제외대상

- 동 사업의 사업화자금으로 사행산업 등 경제질서 및 미풍양속에 현저히 어긋나는 업종*을 영위하고자 하는 자

  * **지원제외 대상 업종:** 일반유흥주점업, 무도유흥주점업, 기타 사행시설 관리 및 운영업

- 공고일 현재('20.1.31) 신청자 명의의 사업체를 보유한 자

- 폐업 경험이 있는 자가 동종업종의 제품이나 서비스를 생산하는 사업자로 재창업하고자 하는 자

- 금융기관 등으로부터 채무불이행으로 규제 중인 자

  * 단, 신청·접수 마감일('20.3.16)까지 채무변제 완료 후 증빙이 가능한 자, 신용회복위원회의 프리워크아웃, 개인워크아웃 제도에서 채무조정합의서를 체결한 경우, 법원의 개인회생제도에서 변제계획인가를 받거나 파산면책 선고자, 회생인가를 받은 자, 중소벤처기업진흥공단 등으로부터 재창업자금을 지원받은 자 등 정부·공공기관으로부터 재기지원 필요성을 인정받은 자는 신청(지원) 가능

- 국세 또는 지방세 체납으로 규제 중인 자

  * 단, 세금분납계획에 따른 성실납부자(체납처분유예신청), 신청·접수 마감일('20.3.16)까지 국세, 지방세 등의 특수채무 변제 후 증빙이 가능한 자, 중소벤처기업진흥공단 등으로부터 재창업자금을 지원받은 자 등 정부·공공기관으로부터 재기지원 필요성을 인정받은 자는 신청(지원) 가능

- 중소벤처기업부 창업사업화 지원사업*을 지원받은 자**, 기선정되어 사업을 수행 중인 자

- 중소벤처기업부 창업사업화 지원사업*을 지원받은 자**, 기선정되어 사업을 수행 중인 자

    * [참고 1] 중소벤처기업부 창업사업화 지원사업 목록 참조

    ** 사업에 기선정되어 협약을 체결한 자를 의미(포기자, 중단처분자 포함)

- 타 중앙부처의 창업사업화 지원사업*을 수행 중인 자

    * **창업사업화 지원사업:** 창업(사업자등록)을 전제로 창업 아이템의 사업화를 위한 시제품 제작비, 지식재산권 확보, 마케팅비 등 사업화에 소요되는 자금을 패키지로 (예비)창업자에게 지원하는 사업

- 기타 중소벤처기업부 장관이 참여제한의 사유가 있다고 인정하는 자

'2. 신청 제외대상' 부분부터는 확인하셔야 하는 것이 과연 내가 신청 제외대상이 되는가 안 되는가입니다. 또는 제외 대상이 아님에도 불구하고 제외 대상이라고 판단하시는 창업자분들이 계십니다. 그러니 꼭 읽어 보셔야 합니다.

먼저 확인하셔야 하는 사항은 소위 말하는 '불법적인' 사업이냐 아니냐입니다. 지원제외 대상업종만 본다면 요식업도 창업 가능하고 숙박업도 창업 가능합니다. 하지만 요식업 창업이나 숙박업 등 기술과 거리가 먼 창업을 기획하고 계시면 생각을 확장하셔야 합니다. 예를 들어서 요식업을 하는데 일반 식당에서 음식을 드시기 어려운 분들을 대상으로 하는 요식업이라든가 아니면 100% 외국인을 대상으로 하는 식당이라든가 아니면 창업자들을 위한 창업카페 등 종래의 비즈니스와 확실하게 차별이 되고 사회 발전적 요식업이면 가능합니다. 숙박업도 마찬가지입니다. 일반 숙박업이 아닌 다른 형태의 숙박업이면 가능합니다. 이렇듯

특화된 서비스 또는 제조업이 아니면 지원을 받기 어렵습니다. 두 번째로 보이는 것이 '사업체를 보유한 자'는 안 됩니다. '사업자'를 보유하시면 무조건 안 됩니다. 현재 보유하고 계시면 폐업하셔야 합니다. 그리고 폐업을 하신 경험이 있으시면 이종의 전혀 다른 사업을 하셔야 합니다. 이는 앞서서 설명드렸으며 마지막으로 채무불이행 또는 세금 체납사실이 없어야 합니다. 이게 좀 안타까운데 '빚이 많으면 창업지원받지 말란 이야기냐!'로 판단하실 수 있는데 사실 그렇습니다. 국세 및 지방세 부분이 애매하긴 합니다. 국세 및 지방세가 매우 적은 경우 납부하시는 것을 잊어버리시는 경우가 매우 빈번합니다. 그래서 사업신청을 하기 앞서서 반드시 '정부24'에 들어가셔서 체납사실을 확인하셔야 합니다.

이외에 당연하겠지만 같은 아이템으로 중복지원이 안 됩니다. 너무 당연한 이야기라고 생각하실 수도 있지만 너무 당연한 이야기가 아니므로 꼭 확인하셔야 합니다.

중요한 부분은 다 확인을 하였으니 나머지는 생략하겠습니다. 하지만 반드시 공고문은 꼼꼼하게 읽어 보셔야 합니다.

7

공통 - 창업아이템 개요 작성하기

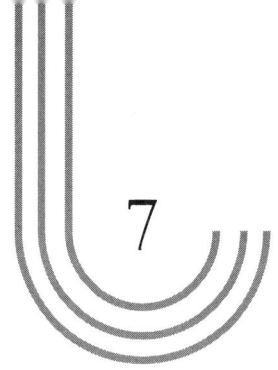

공통 - 창업아이템 개요 작성하기

 창업아이템 개요 작성하기는 공통적으로 적용되는 사항입니다. 물론 지원사업마다 조금씩 형태는 다르지만 제가 말씀드리는 공통적으로 적용되는 사항은 '개요 작성하기'의 본질을 말씀드립니다. 사업의 합격여부는 사업계획서의 1차 통과가 가장 중요합니다. 우리는 2차 대면평가를 걱정할 것이 아니고 1차 서류 통과를 걱정해야 합니다. 대면평가는 대면평가하는 방법이 따로 있습니다. 물론 뒷부분에 설명드릴 것이니 지금은 사업계획서 1차 통과에만 집중하는 것입니다. 다시 한번 강조드리면 정부지원사업은 1차 서류 합격이 가장 중요합니다.

사업계획서를 작성하는 입장에서 당연하게도 잘 작성하면 좋은데 우리는 과연 어떤 것이 '잘 작성'하는 것이냐입니다. 특히 서비스나 기술개발 사업 모두 필요로 하는 것이 어떤 것을 어떤 식으로 개발하느냐가 중요합니다. 너무나도 당연한 이야기입니다. 가장 기본적인 것을 생각해 보겠습니다. 우리가 사업계획서를 작성하는 이유에 대해서 생각을 해보면 여러 가지가 있지만 보통의 경우 우리 창업자분들이 자신의 사업을 어떡하면 멋지고 세련되게 잘 표현할까입니다. 그래서 각종 사업계획서 작성법을 읽으시고 공부하고 강의도 듣고 그렇습니다. 안타깝게도 제가 경험했던 사업계획서 작성하는 방법은 대부분 그 맥을 제대로 잡지 못하고 있습니다. 너무나도 당연해서 대부분의 사람들이 간과하는 그것 바로 '읽는 사람을 고려하지 않는' 것입니다. 글쓰기가 원래 읽는 사람을 대상으로 해야 합니다. 굳이 글쓰기가 아니더라도 우리는 항상 상대방을 설득해야 하는데 상대방의 입장을 잘 고려하지 않는다는 것입니다. 상대방을 고려한다는 의미를 '창업지원패키지지원사업 사업계획서' 작성하는 방법에서 접근을 한다면 사업계획서를 읽는 사람들 입장에서 생각해야 합니다. 우리는 그들을 '평가위원'이라고 합니다. 저 역시 창업진흥원을 포함해서 다양한 정부지원사업의 평가위원으로 활동하고 있습니다. 그래서 그들의 입장을 충분히 이해하고 있습니다. 사업계획서를 작성하는 주체인 '우리'와 사업계획서를 읽는 '그들' 평가위원의 관계를 먼저 생각해 보겠습니다.

- 그들과 우리는 이해관계가 아닙니다.

- 그들과 우리는 대면할 일이 없습니다.
- 그들도 결국 사람입니다.
- 그들의 평가업무는 회사에서 수행하는 업무처럼 스트레스가 높지 않습니다. 물론 평가 자체에 대한 스트레스는 높습니다.
- 하지만 사업계획서는 매우 객관적으로 평가하려고 합니다. 이유는 결국 세금으로 집행되는 사업이 좋은 곳에 사용되기를 바라기 때문입니다.
- 그들은 산업 전반에 걸친 포괄적인 지식을 가지고 있지만, 모든 것을 알지는 못합니다.
- 그들은 사회에 나가면 보통 누군가에 무언가를 알려 주거나 관리하는 입장입니다. 이러한 입장은 평가에도 유사하게 적용됩니다.
- 그들이 하루에 평가하는 과제의 숫자는 적게는 6개입니다. 하지만 이보다 훨씬 더 많은 과제를 하루에 평가합니다.
- 과제평가를 가면 퇴근시간은 오후 6시입니다. 평가시간 안에 많은 숫자의 과제를 객관적으로 평가하기는 여간 어려운 것이 아닙니다.

여러 가지 제가 경험한 것들 그리고 평가장에서 옆에 앉아 있는 위원님들과 대화를 통해서 그리고 나와의 차이점을 고민하면서 평가위원을 '그들'이라는 표현으로 말씀드렸습니다. 짧은 시간 안에 많은 수의 과제를 평가한다는 건 결코 쉽지 않습니다. 나의 평가점수로 인해, 나의 평가의견에 따라서 어떤 기업은 좋은 결과가 나오고 어떤 기업은 오랜 시간 절실하게 준비한 것들이 한순간에 날아갑니다. 이런 이유로 모두들 정말 객관적으로 잘 평가하시는데 그들도 결국 사람이라는 것입니다. '사람'이라는 관점에서 생각해 보겠습니다. 짧은 시간 안에 많은 수의 기술을 객관적으로 평가를 하다 보면, 정말 말도 안 되는 기술 이외에는 전부 지원해 주고 싶은 마음이 굴뚝같습니다. 하지만 전부 지원해 주지 못하니 그중에서 엄선해서 선별을 해야 합니다. 그럼 좀 더 확장해서 생각을 해보면 '사람'이라는 단어와 '엄선'이라는 단어 중심으로 생각해 보겠습니다. 우리가 물건을 구입할 때 가장 먼저 하는 것은 머릿속에 떠오르는 제품입니다. 이러한 생각을 다시 정부과제 평가와 연관해서 생각하면 내 과제가 평가위원에 엄선되기 위해서는 매우 효과적이고 강력한 이미지를 전달해 주어야 합니다. 너무나도 당연한 이야기를 매우 길게 작성하였는데 그 이유는 대부분의 사업계획서가 이것을 잘 모른다는 것입니다. 우리는 보통 이런 것을 '첫인상'이 좋아야 한다고 합니다. 사업계획서 역시 첫인상이 매우 중요합니다. 사업계획서의 첫인상은 바로 '개요 작성하기'입니다.

개요 작성하기는 매우 간결한 문장으로 개조식 작성을 하셔야 하며 대부분의 내용을 시각화 또는 표를 이용하여 작성해야 합니다. 다음 예를 보겠습니다.

☐ **창업아이템 개요(요약)** - 서술식

창업 아이템 소개	본 창업아이템은 90년대상이 사회에 진출해서 처음 경험하게 되는 것에 대한 두려움을 극복하기 위한 서비스로 직장선배들의 실무적인 사회 생활에 대해서 사회 초년생들에게 직장생활 노하우를 공유해주고 노하우 공유를 통해서 누적되는 포인트를 통해 본 서비스 전용 쇼핑몰에서 현금처럼 사용가능한 다목적 지식공유 유통 플랫폼입니다.

☐ **창업아이템 개요(요약)** - 개조식

창업 아이템 소개	- 사회 초년생의 사회경험부재로 인한 두려움 존재 - 직장선배들의 실무적인 멘토링을 통한 공감대 형성 - 멘토링을 통한 포인트 적립 및 전용 쇼핑몰 사용

☐ **창업아이템 개요(요약)** - 표, 그림 사용

창업 아이템 소개		사회 초년 사용자를 위한 간접경험 제공
		직장 선배 사용자 포인트 제공
		쇼핑몰 사용자 수익창출형

 같은 내용을 4종으로 작성했습니다. 읽고 나신 후 느낌이 어떠신가요? 그 느낌은 사람마다 다르지만 아마 '서술식'보다는 '개조식', '표' 사용이 깔끔하고 읽기 편하실 것입니다. 개요 작성하기는 매우 중요하며 특히 개요 중에서 창업아이템 소개가 매우 중요합니다. 창업아이템에

대해서 위와 같이 글로 표현을 해도 되지만, 이미지로 표현을 하셔도 좋습니다. 개발하시고자 하는 아이템을 매우 효과적으로 무게 있게 소개를 하기 위해서는 어떤 방식이든 다 좋습니다. 하지만 제가 직접 평가를 해보고 작성을 하다 보니, '개요 작성'에서는 개조식, 표 사용, 이미지 사용이 가장 보기 좋습니다. 이외 아래 항목들 역시 마찬가지입니다. 본문내용을 요약해서 정리를 하는 항목이지만, 매우 중요한 항목이므로 깔끔하게 작성해야 하며 추천드리는 것은 개조식 + 표 + 그림 사용입니다. 물론 본문내용이 충실하다면 개요 작성하기는 상대적으로 작성하기 편하실 것입니다. 한 가지 더 말씀드리고 싶은 것은 '창업아이템' 소개를 작성하실 때에는 핵심기능, 소비자층, 주요 내용 등이 들어가야 합니다. 일부 자신의 아이템에 너무 자신이 있어서 의문문으로 시작하시는 분들 계십니다. 예를 들어 창업아이템 소개 항목에 '아직도 불편하게 마우스를 사용하십니까?' 이렇게 의문문으로 시작하시는 경우가 심심치 않게 보이는데 그렇게 시작을 하시게 되면 심심치 않게 과제에서 탈락됩니다. 다시 한번 정리하면서 마무리하겠습니다. 우리는 '첫인상'이 매우 중요하고 이 '첫인상'을 좋게 유지하기 위해서는 읽는 사람이 매우 편하게 빠르게 읽어들여야 합니다. 그러기 위해서 개조식, 테이블, 시각화를 적극적으로 활용해야 합니다.

8

예비창업패키지 지원사업 사업계획서 작성하기

8

예비창업패키지 지원사업 사업계획서 작성하기

사업계획서는 잘 쓰면 선정될 가능성도 커지게 됩니다. 그럼 사업계획서를 잘 쓰기 위해서는 무엇이 필요할까요? 사업계획서 안에 넣을 내용이 충실해야 합니다. 여기까지가 상식입니다. 그럼 우리가 고민해야 하는 것은 바로 충실한 내용입니다. 그럼 충실한 내용은 무엇일까요? 바로 사업을 위해서 준비한 것들을 잘 녹여 내셔야 합니다. '예비창업자여서 준비한 것이 부족한데 어떻게 적으란 말이냐?'라고 물어보실 수 있는데 예비창업자 선정되시는 분들의 공통점은 모든 것을 다 준비해 두고 사업자등록 직전에 신청하시는 경우가 대부분이십니다. '아이디어'만 있는 상태에서 선정되시는 경우는 못 봤습니다. 우리 예비창업자분들은 다음과 같은 준비가 되셔야 합니다.

인력구성	제품, 서비스 상관없이 대표자가 엔지니어여야 합니다. 대표자가 엔지니어가 아니라면 팀원이 엔지니어여야 합니다.
기술준비	특허등록완료, 특허가 없다면 실용신안, 실용신안이라도 없으면 디자인 디자인도 없으면 최소한 특허출원.
판로개척	판로개척이 반드시 일부 진행되어야 합니다. 개발만 하면 바로 팔려야 하는 상황까지 준비하셔야 합니다.

당연하지만 무조건 팀 창업입니다. '팀원'의 의미는 같이 창업하는 것이지 월급을 주는 것이 아니므로 부담 갖지 마시고 무조건 팀 창업 하셔야 합니다.

두 번째로 기술준비가 어느 정도 되어 있어야 합니다. 엔지니어 출신의 창업자분이라 하셔도 특허출원까지는 하셔야 합니다. 예비창업자이셔서 아이디어만 가지고 신청하시는 분이 많이 계시는데, 다시 한번 말씀드리면 떨어집니다. 기술준비 사항이 완벽한 상태에서는 정부지원이 필요 없으신 경우도 많이 있습니다. 정부지원이 필요하단 의미는 아직 완벽하지 못하기에 지원사업이 필요하다는 의미인데, 안타깝지만 다른 분들은 대부분 준비되신 상태에서 신청을 하시니 이 글을 읽으시는 분들은 아직 준비가 덜 되셨다면 조금 더 준비하셔야 하며 특허출원 이외 준비하시는 분은 항목별 예시를 보시면서 준비하시면 됩니다.

판로개척 부분에서는 모든 지원사업에서 공통적으로 요구하는 것은 구매확약서입니다. 예비창업자의 경우 사업참여희망서 수준이라도 받아 두셔야 합니다. 보통 이 부분을 착각하시는 경우가 많이 계시는데 예를 들어 '유통업체와 계약을 완료하였다'라는 것은 이미 판로를 확보했다는 의미로, 사진 첨부로 계약서를 보여 주면 됩니다. 자세한 것은 아래 항목별 내용을 통해 확인하시겠습니다.

예비창업패키지 사업계획서

※ 본문 5페이지 내외(일반현황, 창업아이템 개요 제외)로 작성(증빙서류 등은 제한 없음), '파란색 안내 문구'는 삭제하고 검정색 글씨로 작성하여 제출, 양식의 목차, 표는 변경 또는 삭제 불가(행추가는 가능, 해당사항이 없는 경우 공란으로 유지)하며, 필요시 사진(이미지) 또는 표 추가 가능

본문을 처음 작성하시면서 보게 되는 장표입니다. '5페이지 내외'라는 문구가 눈에 들어오는데 이 문구의 의미는 예비창업자의 서류작성 부담을 줄이기 위해 5페이지 내외로 작성을 권고하는 것입니다. 제 개인적인 생각은 '어떻게 5페이지에 내 생각을 모두 말한단 말인가!'입니다. 제가 컨설팅이나 멘토링을 가도 종종 듣는 이야기가 '그걸 어떻게 다 쓰나요?'입니다. 물론 처음 접하시면 작성하시기 어려우실 것입니다. 하지만 본 글을 읽으시면서 느리지만 천천히 따라 하시면 5페이지가 턱없이 부족하다는 것을 느끼실 수 있습니다.

'일반사항'은 특별히 작성에 어려움이 없다 생각됩니다. 다만 팀 구성 작성항목에서 주요경력 부분은 최대한 화려하게 작성합니다. '창업아이템개요'는 앞선 장에서 설명드렸습니다.

1. 문제인식(Problem)

1-1. 창업아이템의 개발동기
※ 국내·외 시장(사회·경제·기술)의 문제점을 혁신적으로 해결하기 위한 방안 등을 기재

-
1-2. 창업아이템의 목적(필요성)
※ 창업아이템의 구현하고자 하는 목적, 국내·외 시장(사회·경제·기술)의 문제점을 혁신적으로 해결하기 위한 방안 등을 기재

어떠한 사업계획서라도 '1. 문제인식', '2. 실현가능성'이 가장 중요합니다. 그중 첫 번째인 '1. 문제인식'입니다.

저만의 작성방법인데, 저는 '1. 문제인식'과 '1-1. 창업아이템의 개발동기' 사이에 과제에서(사업에서) 강조하고자 하는 것 즉 '과제명'을 한 문장으로 표현해서 작성합니다.

---

1. 문제인식(Problem)

과제명: 국내최초 애완견 인지능력 향상을 위한 시각, 후각, 촉각 자극장치를 통한 AI 기반 놀이기구

제품 이미지 삽입

1-1. 창업아이템의 개발동기

제조업 기반일 경우 위와 같이 작성하시고 샘플 사진을 추가하시는 것을 권장합니다. 그럼 서비스 기반일 경우에는

---

1. 문제인식(Problem)

과제명: 국내최초 프로젝트 포트폴리오 관리를 위한 통합적 AI 기반(O.C.R) 이력관리, 검증 서비스

[서비스 모식도 삽입]

1-1. 창업아이템의 개발동기

공통점 확인되셨나요? 공통점은 바로 '국내최초'입니다. 사실 지구상 모든 것은 최초가 되기 어렵습니다. 하지만 내가 하면 국내최초입니다. 이 '국내최초'라는 단어는 관행적으로 사용하는 단어이기 때문에 그냥 습관처럼 생각하셔도 좋습니다. 물론 O.C.R 기술은 이미 고도로 개발되었고 이를 통한 서비스도 많이 보급되었습니다. 하지만 우리가 개발하는 제품에는 적용되지 않았으므로 국내최초가 될 수 있습니다. 아니 되어야만 합니다.

그다음으로 바로 서비스의 모식도가 들어간다면, 제목과 모식도에서 어떠한 것을 개발하겠다는 것이 매우 명확하게 나타납니다. 이렇게 개

발하고자 하는 것을 구체적으로 알려 주면 평가위원 입장에서 '아~ 어떠어떠한 것을 개발하는구나' 하고 인지를 합니다. 이러한 비즈니스에 대한 설명 없이 바로 개발동기가 진행된다면 매우 지루하고 이해하기 어려운 사업계획서가 될 것입니다. 이런 지루하고 어려운 사업계획서를 평가위원 입장에서 한 번쯤 생각해 보시면 제가 왜 이렇게 작성하는지 금방 이해하실 것입니다.

이제 본격적인 본문으로 들어가서, 본문내용 문제인식은 '창업아이템의 개발동시와, 아이템의 필요성'에 대해서 작성을 하게 되는데, 글을 작성하는 맥락이 있습니다. 개발동기는 개발동기만 작성하고 필요성은 필요성만 작성하면 안 되고 개발동기와 필요성을 하나의 묶음으로 생각하고 작성을 하게 됩니다.

간단하게 한 문장으로 표현을 하면 '~이러이러한 문제를, ~이러이러한 방법으로 해결'이 되는 것입니다.

예를 들어 설명드리면 '우리 강아지가 인지능력이 다른 강아지에 비해 부족한 것 같아 원인을 조사하니 외부활동이 제한적이어서 그렇더라. 외부활동이 자유롭지 못하니 실내에서 외부활동 수준에 준하는 무언가를 해주면 해결될 것 같다.'

다른 예를 들어 보면 '프로젝트성 작업자는 자신의 프로젝트 참여이력을 따로 작성하기 어렵고 작성한다 하여도 표준양식이 아니어서 힘들다. 이런 문제를 표준양식을 통해 통일화하고 객관적인 프로젝트 참여 검증을 하면 효율적일 것이다.'

즉 이러이러한 문제를 느끼고 이러이러한 분석을 통해서 이러이러한 방법으로 해결한다는 식으로 서술하시는 방법입니다. 구체적인 예를 들어 설명해 드리겠습니다.

---

1. 문제인식(Problem)

과제명: 국내최초 애완견 인지능력 향상을 위한 시각, 후각, 촉각 자극장치를 통한 AI 기반 놀이기구

신청자가 선 진행한 놀이기구 3D 도면 등

1-1. 창업아이템의 개발동기

- 애완견 인지능력 감소
  - 집 안에서 주로 생활하는 애완견은 외부활동이 많은 애완견에 비하여 인지능력이 부족하다는 연구결과가 있습니다. 저희 애완견도 여기에 해당됩니다.
  - 이러한 원인은 외부활동 부족으로 인한 애완견 스트레스가 누적으로 연구되고 있으며, 이를 해결하기 위한 기술개발이 시급합니다.
  - 더불어 스트레스 누적에 따른 인지능력의 상대적 퇴화는 애완견의에 치명적인 질환으로 연결될 수 있어 빠른 개선방법이 필요합니다.(출처 ○○○○ 뉴스)

1-2. 창업아이템의 목적(필요성)

◦ 애완견 활력증진을 위한 실내 인지능력 증진 제품의 보급
  - 실내에서 사용가능한 애완견 활력증진 장난감 개발의 필요성

기능	목적	개발 방향성
시각 활력증진	애완견의 시각 자극을 통한 활력증진	LED 활용 다양한 시각 자극 구현
후각 활력증진	애완견 후각 자극을 통한 탐색 능력 증진	3종 이상의 향료 혼합을 통한 다양한 후각자극 구현
촉각 활력증진	애완견 촉각 자극을 통한 근육증진	애완견 촉각에 따른 움직임을 강조한 근육증진

- 3종 이상의 LED 색상을 동원하여~중략
- 후각자극을 위한 고기냄새 등 다양한 향료~중략
- 애완견 피부자극을 위한~중략

두 번째 예시를 보겠습니다.

1. 문제인식(Problem)

과제명: 국내최초 프로젝트 포트폴리오 관리를 위한 통합적 AI 기반(O.C.R) 이력관리, 검증 서비스

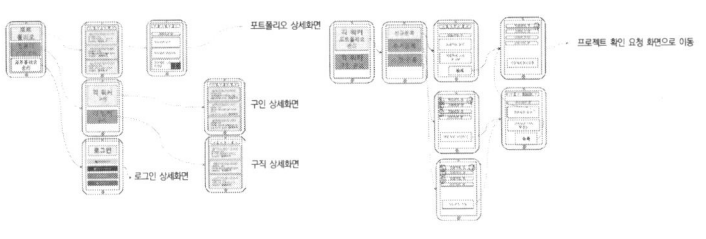

1-1. 창업아이템의 개발동기

◦ 단기 프로젝트 작업자의 효율적인 포트폴리오 관리 부족
   - 단기 프로젝트 작업자(Gig Worker)의 업무능력을 확인하는 방법은 매우 한정적으로, 발주자는 발주 시 결과물에 대한 많은 부담 갖고 시작합니다.
   - 단기 프로젝트 작업자는 자신의 프로젝트 포트폴리오를 관리하는 방법은 개인마다 달라 포트폴리오를 평가하는 방법이 체계적이지 않습니다.
   - 프로젝트의 효과적인 관리를 통해 단기 프로젝트 작업자는 지속적인 작업을 진행할 수 있습니다.

1-2. 창업아이템의 목적(필요성)

◦ 효과적이고 통일성 있는 포트폴리오 관리 및 검증을 통해 단기프로젝트 작업과 발주자의 효과적이고 체계적인 작업 관리
   - 포트폴리오 통합관리 및 검증 시스템개발의 필요

기능	목적	개발 방향성
포트폴리오 관리	포트폴리오 관리를 통한 체계적 경력관리	단기 프로젝트 경력관리를 통한 개인 경력 관리
포트폴리오 검증	경력 검증을 통한 객관적 실력 검증	경력에 대한 다중검증 시스템 도입을 통한 다각적 검증
포트폴리오 홍보	포트폴리오 홍보를 통한 작업자 홍보	동영상을 통한 포트폴리오 홍보

- 포트폴리오 관리를 통한~중략
- 다중 포트폴리오 검증 시스템을 통한~중략
- 경력 홍보를 위한 포트폴리오 시스템을 통한~중략

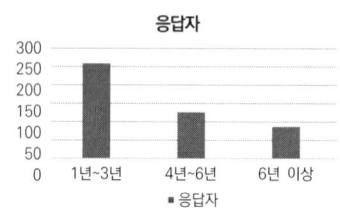
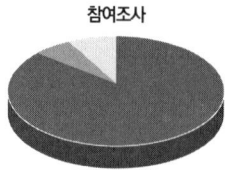

- 자체 조사 결과 근무경력이 낮을수록 포트폴리오관리의 필요성을 보여 주고 있습니다.

두 가지 예시를 들어 설명해 드렸습니다. 먼저 읽어 보시니 어떠신가요? 무엇을 왜 했는지 확인되실 것입니다. 글을 읽는 상대방 입장에서 생각해서 처음부터 '어떤 것을 개발한다'라고 설명해 주는 것이 매우 효과적입니다. 그리고 또 중요한 것이 맥락입니다. 글의 맥락 즉 논리가 있어야 합니다. 논리는 내가 만들어 가는 것이고 이런 논리를 통해 상대방을 설득하는 것입니다. 하지만 맥락이 논리가 안 맞는다면 상대방을 설득시키기 매우 어려울 것입니다.

그럼 '2. 실현가능성' 작성 방법으로 넘어가겠습니다.

2. 실현가능성(Solution)

2-1. 창업아이템의 개발·사업화 전략

※ 비즈니스 모델(BM), 제품(서비스) 구현정도, 제작 소요기간 및 제작방법(자체, 외주), 추진일정 등을 기재

○
-

〈사업 추진일정〉

추진내용	추진기간	세부내용
제품보완, 신제품 출시	2020.0.0.~2020.0.0.	○○ 기능 보완, 신제품 출시
홈페이지 제작	2020.0.0.~2020.0.0.	홍보용 홈페이지 제작
글로벌 진출	2020.0.0.~2020.0.0.	베트남 ○○업체 계약체결
투자유치 등	2020.0.0.~2020.0.0.	VC, AC 등
...		

창업아이템과 개발 사업화 전략 부분은 아이템을 위해서 무엇을 했고 어떻게 할 것이다라는 것을 설명하는 구간입니다. 사업의 결정여부

는 '2. 실현가능성' 부분에서 대부분이 결정된다고 해도 과언이 아닙니다. 그러기에 예비창업자임에도 불구하고 일부 사업화를 진행해야 합니다. 특히 구현정도에서 이미 제품 디자인 등이 나와야 하고 여기에 추가로 '프로토타입' 또는 '최소기능구현 제품(MVP)'이 있으면 더욱 좋습니다. 이런 것들은 사진 또는 도면으로 표현해야 합니다.

그리고 비즈니스 모델에 대해서 설명을 해야 하는데, 이 부분은 고민하지 마시고 '비즈니스 모델 9블럭'을 사용하시면 됩니다. 비즈니스 모델 9블럭 설명은 다른 챕터에서 설명드리겠습니다.

2-1에서 강조해야 하는 것은 먼저 구현정도부터 설명을 해야 하고 그다음이 비즈니스 모델입니다. 이렇게 구현정도부터 설명을 해야 하는 이유는, 사업계획서를 읽는 평가위원 입장에서 '많이 사업진행을 했구나' 하는 이미지를 심어 주기 위함입니다. 꼭 정부지원사업이 아니더라도 이것은 중요한 것입니다. 다음 예시를 보겠습니다.

2. 실현가능성(Solution)

2-1. 창업아이템의 개발·사업화 전략

◦ 개발제품의 특허 등록
  - 본 제품의 선행개발로 특허출원 완료 및 워킹목업

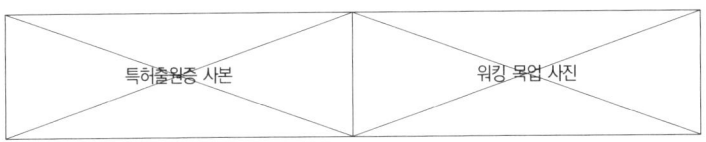

| 특허출원증 사본 | 워킹 목업 사진 |

- 기술권리 확보를 위해 현재 '출원번호 ○○○○-○○○○' 특허를 진행하였습니다.
- 제품 디자인 검토 및 작동 구현을 위해 워킹 목업제품을 개발하였고 현재 3D모델링 진행 중입니다.

◦ 비즈니스 모델

핵심파트너	핵심활동	가치제안	고객관계	고객군
● 제작 협력사 ● 판매 협력사 ● 사후관리 협력사	● 제품설계 ● 제품홍보 ● 제품판매 **핵심자원** ● 제품설계 능력 ● 마케팅 능력 ● 초기 홍보비 확보	● 애완견 훈련용 키트 - 키트 설명 중략 - 키트 설명 중략 - 키트 설명 중략	● 제품 업데이트 ● 애완견 정보 공유 **채널** ● 직접유통 - 중략 ● 간접유통 - 중략 ● 자체 교육 플랫폼	● 애완견과 생활하는 1인가구 - 소비자 니즈 1 - 소비자 니즈 2 - 소비자 니즈 3

비용구조		수익원	

	구축비용(천 원)
개발비	35,000
홍보비	15,000
생산비	5,000
기타비	5,000
운영비	20,000

총 80,000천 원

수익원	목표 매출
판매 매출	108,000천 원
악세서리 판매 매출	300,000

○ 사업추진일정

사업 추진 단계	세부 추진내용		구현정도 및 제작 방법			소요 기간
			설명	구현정도	구현목표	
제품 개발	기획	목업제작	개발 제품의 목업 제품 제작	100%	100%	5개월
	디자인	디자인 검토 및 리뷰	제품 디자인 최종 검토 및 반응조사	80%	100%	
	제작	자재확보	사급 자재 확보	0%	100%	
		생산 공장 확보	공장확보	0%	100%	
		제품 인증 진행	인증 방법 검토 및 추진	0%	100%	
	홍보	동영상 업로드	동영상 압축 4K기준	0%	100%	
	기타: 안드로이드 IOS 동시개발					

〈사업 추진일정〉

차 수	세부 개발내용	수행 기관	기술개발기간(단위: 개월)												비고
			1	2	3	4	5	6	7	8	9	10	11	12	
1 차 연 도	목업제작	주관	■	■	■	■									
	디자인 검토 및 리뷰	주관			■	■	■								
	자재확보	주관							■	■	■				
	생산 공장 확보	주관									■	■			
	제품 인증 진행	주관										■	■		
	동영상 업로드	주관											■	■	

2. 실현가능성(Solution)

2-1. 창업아이템의 개발·사업화 전략

◦ BM

핵심파트너	핵심활동	가치제안	고객관계	고객군
● 프로그램 개발자 ● 그래픽 전문가	● 서비스 기획 ● 서비스 홍보 ● 서비스 관리 ● 서비스 특허 등록 **핵심자원** ● 스타트업 관리 경력 ● 스타트업 구직 관리 ● 대학원등 다양한 인맥을 통한 인프라	● 포트폴리오 관리, 구인구직 서비스 프로그램 - 포트폴리오 관리 - 포트폴리오 검증 - 구인서비스 제공 - 구직서비스 제공	● 정기적인 교육업데이트 ● 반복학습을 통한 고객관리 ● 점수제를 도입한 실력 평가 기반 **채널** ● 커뮤니티 홍보 ● SNS 홍보 ● 대학 홍보	● 포트폴리오 관리 희망자 - 체계적 포트폴리오 관리 Tool - 포트폴리오 검증방법 필요 - 포트폴리오 관리를 통한 부가가치 창출 - 합리적 작업비용 확보 ● 검증된 작업자 필요 - 검증된 작업자 필요 - 편리한 작업자 검색 - 쉬운 고용과 쉬운 해고

비용구조		수익원	
	구축비용(천 원)	수익원	목표 매출
프로그래밍	35,000	서비스사용료(연간)	108,000천 원
그래픽	15,000	목표 회원 수	300,000
서버 임대비	5,000		
관리비	5,000		
홍보비	20,000		
총 80,000천 원			

서비스 구축을 위해 현재 MS 파워앱스를 이용해 MVP 제작 시장반응을 확인하였으며 제품개발을 위해 SI 기업과 계약완료

사업 추진 단계	세부 추진내용		구현정도 및 제작 방법			소요 기간
			설명	구현정도	구현목표	
서비스 개발	기획	MVP 기획	포트폴리오 관리 프로그램 검증 진행 완료	100%	100%	5개월
	와이어링크	와이어링크 협의	제작 페이지 세부 협의	80%	100%	
	프로그래밍 & UI/UX	메인화면	시작페이지, 회원가입	0%	100%	
		페이지 1~10	모듈 1	0%	100%	
		페이지 11~20	모듈 2	0%	100%	
		페이지 21~30	모듈 3	0%	100%	
		페이지 31~40	모듈 4	0%	100%	
	홍보	동영상 업로드	동영상 압축 4K기준	0%	100%	
	기타: 안드로이드 IOS 동시개발					

〈사업 추진일정〉

차수	세부 개발내용		수행 기관	기술개발기간(단위: 개월)												비고
				1	2	3	4	5	6	7	8	9	10	11	12	
1차연도	기획	제품기획	주관	■												
	와이어링크	와이어링크 협의	주관		■											
	프로그래밍 & UI/UX	메인화면	주관			■										
		페이지 1~10	주관				■									
		페이지 11~20	주관					■								
		페이지 21~30	주관						■							
		페이지 31~40	주관							■						
	홍보	동영상 업로드	주관								■					

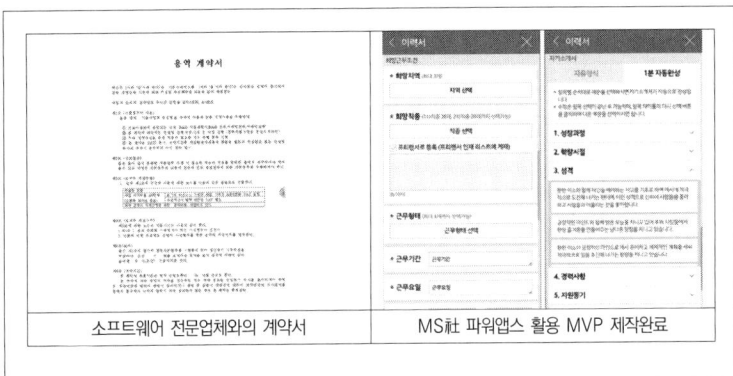

| 소프트웨어 전문업체와의 계약서 | MS社 파워앱스 활용 MVP 제작완료 |

 '2. 실현가능성' 항목의 '2-1. 창업아이템의 개발 사업화 전략' 작성예시를 들었습니다. 중요한 것은 앞서 설명드린 것처럼 구현정도가 가장 중요합니다. 혹 구현정도보다 비즈니스 모델이 중요하다고 말씀하시는 분들이 계시는데 그 논리는 학술적인 내용입니다. 실제 평가장에 들어가서 사업계획서를 검토하면 정말 멋지고 세련된 아이디어와 비즈니스 모델이 많이 있습니다. 하지만 아이디어를 정말 멋진 비즈니스 모델과 함께 제출된 사업계획서와 일부 구현이 돼서 조금만 지원하면 바로 창업이 가능한 사업계획서 중 어떤 예비창업자에 더 높은 점수를 부여할 것인지는 굳이 설명 안 해도 될 것 같습니다. 그만큼 구현정도가 중요하다는 것을 말씀드렸습니다. 위 샘플은 구현정도부터 보여 주는 것과 비즈니스 모델 보여 주고 구현정도 보여 주는 방식 두 가지인데 둘 다 구현정도가 눈에 들어옵니다. 그리고 추진일정은 기본양식에 있는 것 말고 제가 보여 드린 양식을 권장드립니다. 권장 이유는 단순하게도 매우 구체적인 실행일정은 곧 사업계획서 작성의 준비 정도, 성의 정도를 나타내기 때문입니다.

그럼 다음으로 2-2. 창업아이템의 시장분석 및 경쟁력 확보 방안 부분입니다.

2-2. 창업아이템의 시장분석 및 경쟁력 확보방안

※ 기능·효용·성분·디자인·스타일 등의 측면에서 현재 시장에서의 대체재(경쟁사) 대비 우위 요소, 차별화 전략 등을 기재

ㅇ

-

무조건 경쟁제품이 있어야 하고 무조건 경쟁제품대비 일부 진보적이어야 합니다. 세계최초 개발이라 경쟁제품이 없다 하시면 어려우실 수도 있지만 그럼에도 불구하고 무조건 경쟁제품이 있어야 합니다.

2-2. 창업아이템의 시장분석 및 경쟁력 확보방안

A 사	B 사	자사 제품
- 시장지배적 위치 - 이런저런 기능 특징 - 이런저런 기능 구현 불가	- 실제 경쟁제품 - 이런저런 기능 특징 - 이런저런 기능 구현 불가	- 개발제품 - 특징 1 - 특징 2 - 특징 3 - 특징 4 - 경쟁사 불가 기능 구현가능

○ A사 제품 분석
  - 후각자극 기능은 애완견의 말초신경에 영향을 주는 제품으로 특히 후각과 탐색능력 개발이 주된 특징기능 요소로 상대적으로 비용이 높으나 구현되는 기술이 약합니다.

○ B사 제품 분석
  - 애완견 탐색기능이 보완된 제품으로 디자인이 우수하여 시장 점유율이 증가추세이기는 하나 핵심기능인 자극중심으로 되어 있어 부가기능 구현이 어려운 제품입니다.

- 자사 제품 분석
  - 경쟁사 제품의 단점을 보완하여 다음과 같은 특징이 있음

- 후각 자극 기능 - 청각 어떤 기능 - 탐색능력 훈련을 위한 ○○○○ 기능

- 사업화 목표

자사제품	구현목표
- 후각 자극 기능 - 청각 자극 기능 - 특징 1 - 특징 2 - 특징 3	- 애완견 자신의 채취를 포함하여 5종 후각 자극 구현 및 상호 MIX 기능 - 애완견 민감반응을 위해 ○○db~○○db 구현 가능 - 특징 1 ○○○○ 기능 구현 - 특징 2 ○○○○ 150~200mm 이내 작동 - 특징 3 ○○○○ 허용오차 이내일 것

  성능평가 KTL 진행예정

2-2. 창업아이템의 시장분석 및 경쟁력 확보방안

선도기업군	후속 선도기업	자 사
- 산업 내 기업군 - 구인, 구직 정보플랫폼 - 종합정보 중심	- 신규 서비스, AI 중심 - 구인, 구직 정보플랫폼 - 종합정보 및 구직자 요구 사항 일부 반영	- 개인 포트폴리오 관리 시스템 - 포트폴리오 다각적 검증시스템 - 구직자 요구사항 반영

- 선도기업군(잡코리아, 사람인, 사람인) 등 시장 선도기업 서비스 현황
  - 고용인 입장에서의 정보제공 및 매칭 서비스
  - 구직자 이력서 중심의 정보제공 및 매칭 서비스

- 추격 기업(원티드, ○○○○, ○○○○)
  - 연봉 및 포트폴리오기능, 이력서 기능이 사람인보다 감성적
  - 구인구직 매칭 시스템의 한계성 보임

- 자사 제공 서비스(긱 워커)의 경쟁력 확보방안 및 차별화 방법
  - 포트폴리오 중심, 객관적인 포트폴리오 검증을 통한 실력 중심의 이력관리 시스템
  - 이력관리와 동시 포트폴리오 확인 시 발생되는 비용 포트폴리오 등록자와 긱 워커 수익 공유

개발 목표	개발 수준
- 구현 어플리케이션 개발 - 프로그래밍 개발 - UI/UX 개발 - 기업 홍보 및 마케팅	- 어플리케이션 2종(IOS, Android) - 포트폴리오, 포트폴리오 검증 시스템을 포함한 기능개발 20종 - UI/UX 40페이지 - 홍보영상, 전단물, 온라인 홍보 진행

가장 중요한 1. 문제인식과 2. 실현가능성 작성방법에 대해 알아보았습니다. 실제 평가를 하러 가게 되면 여기에서 과제 지원 결정 여부가 판가름 납니다. 물론 3번, 4번 항목도 중요하고 충실하게 계획을 해야 합니다. 하지만 평가위원도 사람이다 보니 종일 글씨만 읽다 보면 집중력이 떨어집니다. 그래서 앞부분에서 우리의 장점을 모두 설명하고 긍정적인 결과를 만들어 낸다면 뒷부분인 3번 4번에서 크게 문제가 없으면 선정되실 것입니다.

3. 성장전략(Scale-up)

3-1. 자금소요 및 조달계획

※ 자금의 필요성, 금액의 적정성 여부를 판단할 수 있도록 사업비 사용계획 등을 기재
※ 사업화자금 집행계획(표)에 작성한 예산은 사업아이템에 따른 금액의 적정성 여부에 대한 평가를 통해 감액 조정될 수 있음(평균 51.7백만 원 지원)
※ 사업비 세부 집행기준은 최종통과자를 대상으로 교육 진행

ㅇ

-

〈사업화자금 집행계획〉

비 목	산출근거	금액(원)
재료비	• DMD소켓 구입(○○개×○○○○원)	3,448,000
	• 전원C류 구입(○○개×○○○원)	7,652,000
시제품제작비	• 시금형제작 외주용역(○○○제품 … 플라스틱금형제작)	
지급수수료	• 국내 ○○○전시회 참가비(부스임차, 집기류 임차 등 포함)	
합 계		

3-2. 시장진입 및 성과창출 전략

3-2-1. 내수시장 확보 방안

※ 내수시장을 중심으로 주 소비자층, 주 타겟시장, 진출시기, 시장진출 및 판매 전략 등을 구체적으로 기재

ㅇ

-

3-2-2. 해외시장 진출 방안

※ 해외시장을 중심으로 주 소비자층, 주 타겟시장, 진출시기, 시장진출 및 판매 전략 등을 구체적으로 기재

ㅇ

-

'3. 성장전략' 단계에서는 사업비 활용부분과 그리고 내수 및 해외 시장진입전략 부분을 작성하게 됩니다.

먼저 사업비 활용부분은 최대치 1억 선정하셔도 됩니다. 하지만 7천~8천만 원 정도 선정하시는 것을 권장드립니다. 특별한 이유는 없습니다. 예비창업자 과제의 평균지원금이 5천~6천만 원 선에 결정됩니다. 만약 1억을 다 신청하셨다면 지원금 외 부족한 비용부분을 어떤 식으로 충당하실지에 대한 계획이 있어야 합니다.

다음으로 '3-2. 시장진입 및 성과 창출' 부분에서는 내수시장 분석한 것을 작성하시는데 주로 사용자들 조사한 부분을 개조식으로 넣습니다. '3-2-2. 해외시장 진출방안'은 해외시장에 진출하기 위한 전략을 작성하시는데 전략을 작성하시는 전략방법론과 해외시장에 진출이 실제 가능한가를 설명해야 합니다. 예시를 보면서 설명하겠습니다.

3. 성장전략(Scale-up)

3-1. 자금소요 및 조달계획

◦ 본 사업을 진행하기 위한 자금은 총 1억 5천만 원으로 사업진행을 위한 비율은 다음과 같습니다.

합계 (총 사업비) (100%)	정부지원금 (50%)	창업자금(50% 이상)		
		현금	현물(인건비)	소 계
150,000천 원	75,000천 원	40,000천 원	35,000천 원	75,000천 원

* 창업자금 현금확보 방법: 기확보

〈사업화자금 집행계획〉

비 목	산출근거	금액(원)
재료비	A 재료 구입비	0,000,000
	B 재료 구입비	0,000,000
	제조 생산비	
시제품제작비	3D 모델링 비용 및 프린팅 비용	0,000,000
지급수수료	국내 전시회 참가비	0,000,000
홍보비	일반 홍보비용	0,000,000
합 계		115,000

3-2. 시장진입 및 성과창출 전략

3-2-1. 내수시장 확보 방안

◦ 1인가구 중심의 고객층 확보
  - 1인 여성가구를 중심으로 하는 감성적 마케팅으로 애완견에 상대적으로 많은 관심이 있는 소비자층을 중심으로 함.
  - 서울, 경기 중심으로 총 1인가구는 ○○○○ 가구이며 이 중 여성가구는 ○○○○ 가구로 총 ○○% 점유하여 총 ○○○○ 매출 확보가 가능함

내수시장 근거가 되는 도표 자료

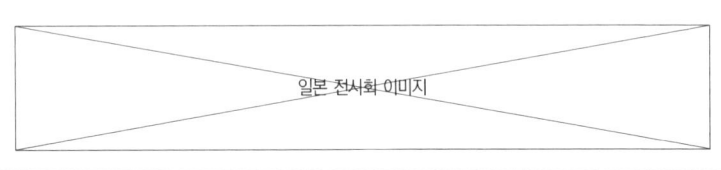

  1, 2에 비해서 내용이 상대적으로 짧게 작성되었습니다. 짧은 이유는 앞서서 내가 주장하고 싶었던 내용들을 논리적으로 근거 있게 설명을 한 상태이므로 '3. 성장전략'에서는 나의 논리와 사업에 대해 부연해 설명하는 부분입니다.

  '3-1 자금소요 조달계획'에서 중요한 것은 총 사업비는 당연하게도 1억이 넘는 것이며 이 중 50% 수준은 자비로 진행하는 것입니다. 혹 사업비 전체의 자금을 당장 확보하기 어려워 정부지원금이 70%~80% 이상 돼야 시작할 수 있는 사업이라면 사업 자체에 대해 많은 고민이 있어야 합니다. 다시 말씀드리면 정부지원 없으면 사업 없으면 못 하는 비즈니스는 하면 안 되는 사업입니다. 자금소요계획도 명확하게 작성하셔야 합니다. 필요하다면 미리 견적서까지 받아 두시는 것을 권장하여 드리고(견적서는 제출 안 하셔도 됩니다.) 사업비 소요 금액의 정부지원금의 금액 + 자부담이 일치해야 합니다. 그리고 여기서 말하는 현물은 대표님의 인건비이니 크게 생각 안 하셔도 됩니다. 그리고 중요한 것은 예비창업패키지 지원사업 양식에는 '자부담' 내용이 원래 없습니다. 하지만 저는 자부담 부분을 넣어서 설명하고 있습니다. 이러한 이유는 평가위원들은 보통 자부담이 있다고 느낍니다. 이유는 단순하게도 다른 사업은 다 자부담이 있어서입니다. 이러한 자부담 설정은, 평가위원 관점에서 다른 사업계획서와 차별성을 느끼는 포인트가 될 수 있습니다.

다음은 시장진입 및 성과창출 부분입니다. 즉 사업화 중심으로 설명하는 구간입니다. 시장배경은 객관적인 자료를 중심으로 작성하고 주로 숫자로 표현해야 합니다. 더불어 달성목표 매출액도 나와야 합니다. 해외시장진출 즉 수출 관련해서 설명드리면 다음과 같습니다.

예비창업 패키지 사업계획서를 작성하면서 해외시장 진출전략까지 표현한다는 것은 사실 너무 앞서 나간다는 느낌이 있습니다. 하지만 최소한의 계획이 있어야 합니다. 해외진출 제품이 아닌 경우에는 해외 시장에 대해서 작성하실 부분이 없을 것인데 그럼에도 불구하고 무조건 작성하셔야 합니다. 하지만 해외진출전략이 무엇인지도 모르고 어려우니 샘플예시와 유사하게 작성하시면 됩니다. 반드시 완벽한 해외시장진출 계획서를 요구하는 것이 아닙니다.

3-2. 시장진입 및 성과창출 전략

3-2-1. 내수시장 확보 방안

- 본격적인 사업을 시작하기 앞서서 MS社의 파워앱스 TOOL을 활용하여 MVP 수준의 App.을 구현하여 시장조사를 진행하였습니다. 500여 명이 TEST에 참여하였으며 주된 참여자는 포트폴리오 관리가 필요한 학생, 개인(직장인), 프리랜서였으며 일부 기업 회원도 있었습니다. 즉 포트폴리오 확인이 필요한 사용자는 제공자와 수요자 모두 Need가 있음을 확인할 수 있었습니다.

☐ 사용자 분석

개인 및 프리랜서	포트폴리오관리, 포트폴리오 홍보, 합리적노임, 추가수익창출
사용자	포트폴리오검증, 구체적 실적확인, 작업과의 연관성

- 단기, 중장기 목표 및 전략
  단기 및 중장기 목표설정은 다음과 같습니다.

	단기(1~3년)	중기(3~5년)	확장기(4~7년)
회원수	300,000명	600,000명	1,000,000명
목표 매출액	180,000천 원 이상	연 300,000천 원 이상	-

창업 후 4년 이내 해외시장 진출

3-2-2. 해외시장 진출 방안

- 국내 서비스 출시 이후, 미주 및 유럽 진출계획
  - 독일 및 프랑스 등 시차를 활용한 서비스로 '업무 종료 전 작업내용을 한국 작업자에 전달을 하고 익일 출근 이후 작업 내용물 확인'할 수 있는 시스템 구축을 목표로 하고 있습니다.
  - 이를 위해 초기 창업 이후 목표 회원수 확보 이후, OCR 기능 및 자동번역 기능을 AI 화하여 또는 해당서비스와 업무 제휴를 통해 언어문제를 해소하고 동시에 작업 코디네이팅 시스템을 도입하여 작업의 올바른 지시 및 작업목표 확인, 프로젝트 관리를 통한 프로젝트 종료예측 시스템 등을 도입예정입니다.

두 번째 예시글은 첫 번째 예시글보다 해외시장 진출 부분이 간단하게 작성된 예시입니다.

4. 팀 구성(Team)

4-1. 대표자 및 팀원의 보유역량

◦ 대표자 현황 및 역량
※ 창업아이템과 관련하여 대표자가 보유하고 있는 이력, 역량 등을 기재
-

◦ 팀원현황 및 역량
※ 사업 추진에 따른 팀원현황 및 역량을 기재

순번	직급	성명	주요 담당업무	경력 및 학력 등	채용시기
1	과장	○○○	S/W 개발	컴퓨터공학 박사	'20.5
2	대리		해외 영업(베트남, 인도)	○○기업 해외영업 경력 8년	
3	…		R&D	○○연구원 경력 10년	

◦ 추가 인력 고용계획

순번	주요 담당업무	요구되는 경력 및 학력 등	채용시기
1	S/W 개발	IT분야 전공 학사 이상	'20. 1
2	해외 영업 (베트남, 인도네시아)	글로벌 업무를 위해 영어회화가 능통한 자	
3	R&D	기계분야 전공 석사 이상	

◦ 업무파트너(협력기업 등) 현황 및 역량
※ 창업아이템 개발에 필요한 협력사의 주요역량 및 협력사항 등을 기재

순번	파트너명	주요역량	주요 협력사항	비고
1	○○전자		테스트 장비 지원	~'20.00
2	…			협력 예정

마지막 팀 구성 항목입니다.

혼자 창업하시는 분들이 많이 계신데, 혼자서 창업하시지 마시고 반드시 팀 창업하셔야 합니다. 그리고 팀원은 모두 자신만의 보직이 있어야 합니다.

팀원현황 및 역량에는 생애 모든 경력을 넣어 주십시오. '팀 구성' 부분은 이력서와 유사하기 때문에 크게 설명드릴 것이 없어 예시글로 본 장 마무리합니다.

---

4. 팀 구성(Team)

4-1. 대표자·직원의 보유역량 및 기술보호 노력

- 대표자 ○○○ 현황 및 역량
  - ○○○○ 프로그램 추진 및 총괄
  - ○○○○ 기사 외 5건 전문자격 획득
  - 프로그램 개발 경력 7년 이상

- 공동창업자 ○○○ 이사
  - ○○○○ 기업 기획팀 부장
  - ○○○ 기획사 기획팀 팀장

현재 재직인원 (대표자 제외)	0명	추가 고용계획 (협약기간 내)	2명

- 직원 현황 및 역량

순번	직급	성명	주요 담당업무	경력 및 학력 등	채용 연월	일자리 안정자금 수혜여부
1						
2						

- 추가 인력 고용계획

순번	주요 담당업무	요구되는 경력 및 학력 등	채용시기
1			'20.03

9
사업공고를 기준으로 준비하는 재도전 창업패키지 지원사업

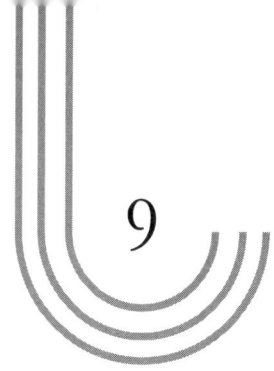

사업공고를 기준으로 준비하는 재도전창업패키지 지원사업

　재도전창업패키지 지원사업은 앞서서 한번 창업을 했다가 폐업한 경험이 있는 재창업자를 대상으로 지원하는 사업입니다. 사업공고를 해설해 드리기 전에 먼저 말씀드리고 싶은 것은 제목에 있듯이 '재도전'을 위한 예비창업자 또는 재창업 3년 이내 기업을 대상으로 합니다. 그럼 우리가 생각해야 할 것이 '재도전'이라고 하면 그러니깐 과거 창업했다가 폐업을 하고 다시 창업을 하게 되었다면 이 조건만 충족하면 지원사업 신청이 가능하다는 것을 확인 가능하며 '폐업사실확인서'만 있으면 됩니다.

중소벤처기업부 공고 제2020 – 52호

「2020년 재도전 성공패키지」 (예비)재창업자 모집 공고

성실한 실패경험과 유망한 창업 아이템을 보유한 (예비)재창업자의 성공적인 재창업을 지원하기 위해, 「2020년 재도전 성공패키지」에 참여할 (예비)재창업자 모집 계획을 다음과 같이 공고합니다.

2020년 1월 30일
중소벤처기업부장관

1. 사업 개요

□ 사업목적: 우수한 (예비)재창업자를 발굴하여 재창업교육, 멘토링, 사업화 지원 등을 통한 성공적인 재창업 지원

□ 지원대상: 사업에 재도전*하는 ①예비 재창업자 또는 ②재창업 3년 이내인 기업의 대표자

* 기존 기업을 폐업하고 기업을 새로 설립하는 것을 의미(사업 공고일 이전에 폐업을 완료하고, 폐업사실증명원 제출이 가능한 자에 한해 사업신청 가능)

◦ 채무조정*이 필요하거나 채무조정 절차를 진행 중인 (예비)재창업자도 신청 가능. 단, 최종 선정일까지 '채무조정 완료자'에 한함

* 과도한 빚으로 인해 정상적으로 상환하기 어려운 분들을 대상으로 상환기간 연장, 분할상환, 채무감면 등 상환조건을 변경할 수 있도록 조정하는 제도

※ 채무조정제도 문의: 신용회복위원회 ☎1600-5500

□ 지원규모: 총 270명 내외

먼저 사업개요를 보시면 제일 먼저 눈에 띄는 지원대상에서 예비창업자 또는 재창업자라고 하는데 앞선 챕터에서 소개해 드린 예비창업자

랑은 다른 것이 '폐업사실증명원'을 제출해야 합니다. 그리고 가장 중요한 것은 공고일 전까지 '폐업사실증명원' 발행이 되셔야 합니다. 조금 억지이기는 하지만 위 예시 공고가 2020년 01월 30일이므로 폐업신고를 2020년 01월 10일경 신청하시고 세금 다 납부하시면 '홈텍스'에서 발급 가능한데 이 조건만 충족하면 되는 것입니다.

2. 세부 지원내용

구분		지원 내용
① 사업화 자금 지원		시제품제작·마케팅비 등 사업화 자금 지원(40~60백만 원)
② 프로그램 지원	재창업 교육	실패원인분석, 심리치유, 비즈니스 모델 수립·고도화 등 역량 강화 교육
	멘토링·네트워킹	애로사항 해결 등을 위한 정기 및 수시 멘토링·네트워킹 지원
③ 인프라 지원		창업활동을 위한 입주공간 제공(별도 평가를 통해 제공)
④ 후속연계 지원		1차년도 수행기업 중 우수 재창업자 대상으로 2차년도 후속자금 지원

① **사업화 지원**: 제품·서비스 개발에 필요한 **시제품제작, 마케팅비 등 사업화 자금 지원**
 (40~60백만 원 차등 지원)

〈사업비 구성(안)〉

총 사업비(A+B)	정부지원금(A)	(예비)재창업자 대응자금		
		현금	현물*	소계(B)
100%	75% 이하	5% 이상	20% 이하	25% 이상
(예시) 80백만 원	60백만 원	4백만 원	16백만 원	20백만 원

* 현물은 (예비)재창업자 본인 및 사업화 수행에 직접 참여하는 기고용 인력의 인건비, 사무실 임차료, 보유 기자재 등으로 부담

② **프로그램 지원: 재창업교육, 멘토링 및 네트워킹 등**

- **(재창업교육)** 실패원인분석 및 심리 치유, 비즈니스 모델 수립과 사업계획 고도화를 위한 **재창업교육 수강 지원**(35시간 이상)

- 별도 교육형 주관기관을 통해 다양한 교육 커리큘럼 제공 예정

  ※ 상기 재창업 교육을 이수하지 못할 경우, 향후 2차년도 후속지원 평가 등에서 불이익이 있을 수 있음

• **(멘토링)** 재창업자 애로사항 해결을 위한 **정기·수시 멘토링 지원**

• **(네트워킹)** 재창업자와 전문가, 창업자 간 **정기·수시 네트워킹 지원**

③ **인프라 지원: 주관기관**을 통한 **입주공간 제공***

* 신청 수요가 많을 경우, 주관기관별 평가를 통해 입주공간 제공 예정

④ **후속연계 지원:** 1차년도 사업을 성공적으로 완료한 재창업자에게 사업화 자금 및 후속 프로그램 추가 지원(추후 별도 안내 예정)

　세부지원내용 확인하시면, 사업화자금 지원 외 각종 프로그램운영이 있습니다. 이 프로그램은 저와 같은 경영지도사들이 해당 지원센터를 통해 멘토링 또는 강의를 진행하는 것입니다.

　그리고 이보다 더 우리에게 필요한 사업지원금은 최대 6천만 원까지 지원이 되며 일반 예비창업지원사업과 차이점은 자부담 현금이 존재한다는 부분이 차이점입니다. 현금 자부담은 현금을 직접 통장에 넣고 내가 쓰는 것이며, 현물 자부담은 내 인건비입니다.

　다음은 '3. 신청자격 및 제외대상' 부분입니다.

3. 신청자격 및 제외대상

□ **신청자격:** 사업공고일 기준 아래 사항을 충족하는 ①**예비 재창업자** 또는 ②**재창업 3년 이내**(17.1.30 이후 재창업) **기업의 대표자**

① 예비 재창업자

☞ 사업 공고일('20.1.30) 이전에 중소기업을 폐업한 자로서, 협약 종료일 1개월 이전까지 「중소기업창업 지원법」 상 재창업(사업자등록 또는 법인설립등기)이 가능한 자

② 재창업 3년 이내 기업의 대표자

☞ ②-1 중소기업을 폐업하고, 재창업일로부터 3년이 경과하지 않은 자
('17.1.30 이후 재창업한 기업)

☞ ②-2 창업일은 개인사업자의 경우 사업자등록증상 개업연월일, 법인기업의 경우 법인등기부등본 상 회사성립연월일을 기준

* 다수의 사업자(개인, 법인)를 소지하고 있는 경우, 최초 등록한 사업자(개인, 법인)의 사업개시일 기준

☞ ②-3 공동대표의 경우, 대표자 전원이 '신청자격 ②-1'에 해당되고, '신청 제외 대상'에 해당되지 않아야 함

* 공동대표로 구성된 기업이 사업 신청 시 신청인 이외 대표자의 사업 참여 동의서를 제출(최종 선정자에 한하여 제출)

내용을 꼼꼼하게 읽어 보면 예비 재창업자의 경우 사업자등록증을 내야 하는 경우이고 다음으로 복수 사업자의 경우에 해당되는데 '최초등록한 사업개시일기준' 3년 미만인 경우에 해당됩니다. 그럼 다시 생각해야 할 것이 예비창업자패키지 지원사업과의 차이점을 확인하면

> □ 신청자격
>
> ◦ 사업공고일까지 창업경험(업종 무관)이 없거나 공고일 현재('20.1.31 기준) 신청자 명의의 사업체를 보유하고 있지 않은 자
>
> - 폐업 경험이 있는 자는 이종업종*의 제품이나 서비스를 생산하는 사업자를 창업할 예정인 경우에 한하여 신청 가능
>
>   * 업종은 한국표준산업분류의 세분류(4자리)를 기준으로 함(통계청 통계분류포털 참조)

예비창업패키지 지원사업은 '업종무관, 창업경험 없어야 함'입니다. 하지만 재창업 패키지 지원사업의 경우 폐업경험이 있다면 '이종업종'에 한하여 가능하다는 이야기를 하고 있습니다. 그러니까 재도전 패키지의 경우 '이미 사업자를 보유하고 있어도 이종업종 문제없음, 다만 폐업사실증명원이 있고 사업자등록증상 3년이 넘지 말아야 할 것'이라고 해석이 됩니다. 지원조건은 말 그대로 지원 조건에만 해당되면 됩니다. 그 이상도 이하도 보지 않습니다.

공고문의 다음 내용은 '4. 사업신청', '5. 평가방법 및 절차', '6. 선정자의 의무', '7. 유의사항', '8. 절차'입니다. 부분은 앞서 소개해 드린 내용의 중복이니 크게 중요하지 않아 설명을 생략하겠습니다.

10

재도전창업패키지 지원사업 사업계획서 작성하기

10

재도전창업패키지 지원사업
사업계획서 작성하기

사업계획서를 작성하기 앞서서 먼저 확인해야 할 것은

2020년 재도전 성공패키지 (예비)재창업자 사업계획서

※ 본문 10page 내외로 작성(증빙서류 등은 제한 없음), '파란색 안내 문구'는 삭제하고 검정색 글씨로 작성하여 제출, 양식의 목차, 표는 변경 또는 삭제 불가(행추가는 가능, 해당사항이 없는 경우 공란으로 유지하며, 필요시 사진(이미지) 또는 표 추가 가능

총 작성 페이지 수는 10페이지입니다. 추천드리는 페이지 수는 15페이지 내외입니다.

그럼 본문작성과 함께 우리가 알고 있어야 하는 것은, 재도전 지원사업 사업계획서를 잘 작성하는 방법은 어떤 것이 있을까요? 일단 우리는 폐업을 한번 했습니다. 어떤 이유든지 간에 폐업을 한번 했으니 그 원인을 분석해야 합니다. 이 원인분석이 중요합니다. 원인분석을 하기 앞서서 사업계획서의 개요를 작성해야 하는데 개요 작성하기는 챕터 7을 확인해야 합니다. 꼭 확인하셔야 합니다.

개요 작성하기를 다시 한번 말씀드리면, 개요 작성은 본문을 작성하고 난 다음 본문내용을 요약해둔 페이지입니다. 그리고 평가위원과 처음 만나는 자리 즉 처음 보여 주는 서류이므로 첫인상이 매우 좋아야 합니다. 그렇기에 저는 '개조식 + 표작성 + 도식' 중심으로 작성하는 것을 적극적으로 권장해 드립니다.

1. 문제인식(Problem)

1-1. 폐업기업 사업 개요
※ 폐업한 이전 사업의 사업모델 설명
。
-

1-2. 폐업(실패)원인 및 개선방향
※ 폐업을 결심한 원인 및 폐업을 통해 느낀 점(개선방향)에 대하여 구체적으로 기재
。
-

1-3. 재창업 배경
※ 재창업 동기와 재창업을 통해 이루고자 하는 목표를 기재。
。
-

'1-1. 폐업기업 개요' 부분은 매우 짧게 3~4줄로 개조식으로 간단하게 합니다. 이 부분을 굳이 디테일하게 작성하실 필요 절대 없습니다.

'1-2. 폐업(실패)원인 및 개선방향'은 폐업한 원인하고 이를 극복하기 위한 방법을 작성하는 곳입니다. 폐업의 원인은 내부문제 하나 외부문제 하나 내부, 외부 또는 기타 원인 하나 해서 총 세 가지의 원인분석을 하고 이를 개선하기 위한 방법을 항목별로 작성하시면 됩니다. '1-3. 재창업배경' 부분은 종래 사업을 다시 하는 경우에는 앞서서 폐업한 경험을 보완해서 작성하는 것이고, 새로운 비즈니스를 하는 경우는 새로운 사업기회를 포착하여 작성하는 경우입니다. 다음 첫 번째 예시를 보겠습니다.

1. 문제인식(Problem)

1-1. 폐업기업 사업 개요

- 폐업기업명: 행운 식자재 주방기구
  - 주 사업개요: 요식업 소상공인에 주방기구를 공급하고 식자재를 공급하여 기업의 창업부터 운영까지 관리를 해주는 사업
  - 특히 초기 식당의 경우 자본금 결정부터 식당 위치 선정, 마케팅까지 통합적인 지원을 함

1-2. 폐업(실패)원인 및 개선방향

- 주된 폐업원인 및 분석
  - 차별화 없는 서비스: 식자재 유통기업과 특별한 차이점이 없었음.
  - 전문적이지 않은 서비스: 식자재와 동시 주방기구를 취급하여 점주로부터 전문 마케팅 기업이미지 약함
  - 기업 마케팅 부족: 좋은 제품을 합리적 가격에 제공하면 되는 기초적인 생각에서 출발했으나 마케팅의 능력에 따라 기업의 성공이 달라지는 것을 확인함
  - 전문성 부족: 식당창업경험 및 성공경험은 있지만 컨설팅 개념으로는 전문성이 부족하며 특히 주방기구는 전문성이 결여됨

1-3. 재창업 배경

- 초음파 진동형 식기세척기 제작 및 보급
  - 전공분야인 기계제작 및 종래 주방기구의 한계점 발견
  - 마케팅 양성과정 수료를 통한 마케팅 경쟁력 확보
  - 시제품 제작을 통한 제품 성능 확인 및 고도화 진행 중

두 번째 예시를 보겠습니다.

1. 문제인식(Problem)

1-1. 폐업기업 사업 개요

- 폐업기업명: 과외친구
  - 주 사업개요: 중, 고등학생에 대학생이 방문하여 진행하는 과외 정보 플랫폼 사업

1-2. 폐업(실패)원인 및 개선방향

- 주된 폐업원인 및 분석
  - 단순 유통 플랫폼으로 종래의 과외정보를 온라인화함
  - 플랫폼상 정보의 무상제공이 되지 않아 사용자 모집이 안 됨
  - 사회경력 결여: 창업 당시 대학생 신분으로 시작을 하여 사회경험 부족으로 인하여 다양한 기회를 상실함
  - 시장분석 결여: 과외시장에 대한 전반적인 분석 없이 상위권 대학 학생들의 정보만 취합하여 공유하면 사업이 성공할 것이라 믿을 정도로 시장분석을 부족하게 함.

1-3. 재창업 배경

- 빅데이터기반 실내용 식물재배용 키트
  - 실내용 식물재배용 키트는 다양하지만 재배환경을 매뉴얼로 설정을 해야 하기에 식물의 실내 재배는 매우 한정적이고 다양하지 못함. 이를 개선하기 위해서 식물 성장이 잘되는 환경의 정보를 수집분석하여 식물 맞춤식 재배 환경을 제공함으로서 실내용 식물의 다양성을 확보할 수 있음.

매우 짧게 폐업기업의 개요와 개선방향 그리고 재창업배경에 대해서 예시를 보았습니다.

폐업배경은 길게 작성할 필요가 없습니다. 원인분석을 아무리 잘한다고 하여도 다음 사업에 연결되는 것이 아니기 때문입니다. 다만 확실해야 하는 것은 앞선 부족한 부분을 분석하였으니 분석한 결과를 기준으로 개선책이 나와야 한다는 것입니다. 첫 번째 예시는 한 기업에서 다양한 것을 하다 전문성이 결여되어 매우 세부적인 제품 하나만을 직접 개발하는데 대표자가 기계제작 전문가입니다. 그리고 마케팅 양성과정을 수료하여 일정부분 마케팅에 대한 개념도 알고 있습니다.

두 번째 대표자는 학생 때의 실수를 극복하기 위해 다년간 노력을 하였으며 빅데이터에 대한 기본소양을 확보하여 다른 방향으로 사업을 준비하고 있는 것입니다. 글의 맥락은 앞선 폐업원인이 아닙니다. 물론 평가표 항목에는 '폐업원인 분석' 지표에 대한 점수도 있습니다. 하지만 이미 끝난 사업을 왜 깊게 관찰해야 할까요? 원인을 알고 개선방향이 나오고 일부 개선했으면 바로 신사업에 대한 이야기를 해야 하는 것입니다. 그리고 다른 챕터에서도 이야기하겠습니다만, 단순 플랫폼 사업은 정부에서 지원 안 해줍니다. 플랫폼 사업이라 하고 단순 유통업인 경우가 너무 많기 때문입니다. 플랫폼 비즈니스 정부지원을 받으려면 사회적 목적성이 뚜렷해야 합니다.

그리고 하나 더 예비창업패키지 지원사업 작성법을 읽어 보신 분은 확인하셨겠지만, '1. 문제인식' 부분에서 '과제명'을 넣지 않았습니다. 그 이유는 예비창업패키지 지원사업은 자연스럽게 사업이 연결되어 '과제명'을 넣은 것이고 재도전창업패키지 지원사업은 내용이 연결되지 않아서 '과제명'을 빼고 사업계획서가 시작되는 것입니다.

이제 실제 중요한 '1. 문제인식'에서 '1-4. 제품. 서비스의 개발동기', '1-5. 제품. 서비스와 목적(필요성)' 부분 작성을 보겠습니다.

1-4. 제품·서비스의 개발동기

식기 세척기 이미지 삽입

문제점	종래 세척기	개발 제품
세척력	애벌세척 시 사람이 투입	초음파를 이용한 애벌세척
물소비량	기름때 등 물 소비량 많음	종래 세척기 대비 50%
전기소비량	소비등급 2~3등급	소비등급 1등급
세제소비량	10L 기준 400~500회	10L 기준 1,500회
필요인원	최소 2인	1인(투입, 배출)

◦ 종래 식기 세척기의 세척능력 결여
  - 종래 세척기는 수압을 이용한 세척기로 세척능력이 결여되어 세척능력을 증가시키기 위한 애벌세척작업을 하고 있음.
  - 애벌세척이 추가됨으로써 세척기의 주된 목적인 인력 효율성이 상대적으로 떨어짐
  - 기름때 등을 효과적으로 제거하기 위해 물소비가 과다함
  - 소비등급 2~3등급으로 전기 소비 높음
  - 세제소비량이 높아 식기 잔여물 가능성 있음

◦ 초음파를 이용한 애벌세척기
  - 애벌 세척조에 초음파 진동자를 부탁해 초음파를 이용한 애벌세척으로 사람이 하는 것보다 효과 높음
  - 애벌세척이 우수하여 기름때 등……
  - 소비등급 및 세제소비량이 낮아 원가절감 및 환경보호……

1-5. 제품·서비스의 목적(필요성)

| 세척이 잘 안 된 종래 식기 사진 | 세척이 잘된 식기 사진 |

- 최저인건비 증가에 따른 영세사업장 인건비 부담 증가
  - 지속적인 인건비 증가로, 최소인원을 활용한 효율적인 인력관리 필요
  - 요리대비 상대적으로 기술을 요구하지 않는 세척에 많은 노동시간 투입
- 공장형 조리시설의 효율적인 시스템 활용
  - 공장형 조리시설의 식기 회전율을 올리기 위해 연속으로 식기를 세척해야 함, 세척인원 2~3인 소요
  - 대량 식기세척 시 필요한 세제, 린스, 수도, 광열 등 효과적인 절감 효과

1-4. 제품·서비스의 개발동기

실내용 식물재배기 이미지

- 100% 유기농 야채섭취에 대한 소비자 트렌드 변화
  - 일반가정에서 직접 재배하여 섭취하는 야채 트렌드는……
  - 농약 등 화합물에 장기간 노출이 되어 이를 줄이기 위한……

- 영유아 가정 유기농 야채 섭취 NEEDS 증가
  - 영유아 신선한 야채를 활용한 이유식……
  - 신체구조 완성되지 않은 상태에서 화합물 섭취 시……

- 1인가구 야채섭취
  - 1인가구 야채섭취에 대한 욕구 있지만……
  - 퇴근 후 간편하게……

- 농본기 경험 있는 실버가정
  - 정년 후 식물 가꾸기……
  - 재미와 건강……

항목	소비자 NEEDS
트렌드 변화	애벌세척 시 사람이 투입
영유아 가정	기름때 등 물 소비량 많음
1인가정	소비등급 2~3등급
실버가정	10L 기준 400~500회

1-5. 제품·서비스의 목적(필요성)

식물재배기를 사용하고 만족해 하는 가족의 모습 사진

- 식탁 중국산 식자재 90%, 식자재 국산화 보급률 절실
  - 우리가 먹는 식탁의 식자재 90%는 외국 그중에서도 중국……
  - 농업검역 시스템 통과를 했지만, 주저하는 소비심리……

- 체질별 맞춤형 식물재배
  - 당뇨, 비만, 고지혈 등 신체 상태에 적합한 식물섭취를 통한……
  - 체질개선 등 신체건강을 위한 식물재배……

실제 사업계획서에서 우리가 이야기하고 싶은 것은 '무엇을 만들어서 어떻게 팔 것인가'입니다. 역시 평가위원 입장에서도 '무엇을 왜 어떤 방법으로 판매할 것인가?' 궁금한 겁니다. 나머지는 부연설명이고 글의 흐름상 즉 사업계획서상 준비정도를 확인하게 되는 것입니다. 정부지원 사업계획서를 작성하는 목적은 당연하게도 정부지원을 통한 자금확보입니다. 그리고 그 자금을 확보하기 위해서는 평가위원들이 긍정적으로 평가를 해야 합니다. 그럼 우리가 글을 어떤 방향으로 작성해야 할까요? 우리가 하고 싶은 우리의 주장을 계속한다면 작성자 즉 대표님 입

장에서는 속이 시원한 정말 잘 써진 사업계획서이겠지만, 평가위원 입장에서는 쓸데없는 사족이고 지루하고 짜증 나는 서류입니다. 한 시간에 하나의 사업계획서만 검토한다면 정말 세심하게 읽고 검토하고 그렇겠지만, 현실은 그렇지 않습니다. 한 시간에 적게는 2개 많게는 3개를 (서면평가 기준) 평가해야 합니다. 대면평가도 마찬가지입니다. 적게는 하루 4개 많게는 8~9개를 평가합니다. 이렇게 많은 양을 하는 이유는 당연하게도 전문가이기 때문이고 전문가들은 웬만한 사업은 제목 보고 어떤 것인지 다 예측이 됩니다. 그러니까 우리가 작성하는 사업계획서는 자금확보가 목적이지만 자금확보를 하려면 평가위원들이 불편함이 없어야 합니다. 다시 말씀드리면 평가위원 입장에서 글을 작성해야 하는 것입니다.

그렇기에 폐업사실은 '~ 이런이런 사업을 하다, ~이런이런 이유로 폐업을 하고, ~이런이런 것을 극복했음'과 같이 매우 짧게 작성하고 정말 궁금한 '무엇을 왜 어떤 방법으로 판매할 것인가?'를 설명해야 하고 설명을 하면서 동시에 시각화를 해야 합니다. 그리고 사업계획서 초반에 이야기를 해야 하는 것입니다.

세부적인 작성방법에 대해 설명을 드리면,

재창업배경은 사업기회 포착부분입니다. 사업기회는 평상시 관심이 있던 내가 할 수 있는 것들이 사회적으로 어떠한 요인에 의해 사업기회가 된 것입니다. 창업자가 우연히 얻은 정보로 단순하게 시작하는 것이 아니고 평상시 하던 것을 치밀한 시장조사 끝에 시작하는 것입니다. 위 예시와 같이 종래의 문제점을 잘 파악하고, 그리고 내가 잘하는 분야를 시작으로 시장기회를 포착하였으면 바로 개발 동기가 들어가는 것입니다.

개발동기는 '시장성'을 이야기합니다. 다른 이유는 필요 없습니다. 시장성이 없으면 사업을 할 이유가 없기 때문입니다. '사회적으로 어떠한 것을 바꾸어 보겠다'가 아니고 무조건 시장성이 있느냐 없느냐입니다. 이런 논리 기준으로 그 시장성이 있는 제품은 우리가 만들 제품이고 이를 시각적으로 소개하면서 설명을 하는 것입니다. 먼저 서술식으로 설명하고, 그다음 하단에 테이블로 한번 정리해서 글 읽는 사람이 사진 보고 바로 개조식으로 읽을 수 있도록 유도해야 합니다. 그렇게 시장성을 보여 주고 무엇을 만들지를(어떤 서비스를) 보여 주었으면 다음 단계는 해당 제품(서비스)를 제공하려는 당위성에 관해서 설명해야 합니다. 그 당위성이 '1-5. 제품·서비스의 목적(필요성)'입니다. 목적 및 필요성은 우리의 제품 및 서비스가 왜 필요한지에 대해서 간단하게 설명을 합니다. 당위성 설명을 좀 구체적으로 해도 좋지만, 과도한 중복 또는 글을 읽는 사람이 불편할 수도 있으니 다소 간략하게 설명을 해도 됩니다. 만약 설명할 것이 많이 있다면, 당위성 부분은 약간의 사회적 이슈와 소비자의 NEEDS 중심으로 객관적인 자료와 함께 작성하시면 됩니다.

두 번째로 중요한 '2. 실현가능성'입니다.

실현가능성은 어떤 방법으로 실현하겠다는 내용입니다. 예비창업과 마찬가지로 매우 구체적으로 작성해야 합니다.

2. 실현가능성(Solution)

2-1. 제품·서비스의 개발 방안

※ 제품(서비스) 구현정도, 제작 소요기간 및 제작방법(자체, 외주), 추진일정 등 사업 전체 로드맵 및 재도전 성공패키지 협약 기간('20.5~12월) 내 사업 계획(목표 및 달성 방안)을 기재

2-1-1. 제품·서비스의 개발 방안(사업 전체 로드맵)

ㅇ

-

〈사업 추진 일정〉

추진내용	추진기간	세부내용
제품보완, 신제품 출시	2020.0.0.~2020.0.0.	○○ 기능 보완, 신제품 출시
홈페이지 제작	2020.0.0.~2020.0.0.	홍보용 홈페이지 제작
글로벌 진출	2020.0.0.~2020.0.0.	베트남 ○○업체 계약체결

2-1-2. 사업(협약) 기간 내 목표 및 달성 방안

ㅇ

-

〈사업 추진 일정〉

추진내용	추진기간	세부내용
제품보완, 신제품 출시	2020.0.0.~2020.0.0.	○○ 기능 보완, 신제품 출시
홈페이지 제작	2020.0.0.~2020.0.0.	홍보용 홈페이지 제작
글로벌 진출	2020.0.0.~2020.0.0.	베트남 ○○업체 계약체결

2-2. 고객 요구사항에 대한 대응방안

※ 기능·효용·성분·디자인 등의 측면에서 현재 시장에서의 대체재(경쟁사) 대비 우위요소, 차별화 전략 등을 기재

ㅇ

-

2. 실현가능성(Solution)

2-1. 제품·서비스의 개발 방안

선행 개발한 프로토 타입 및 3D 도면 등 그림 삽입

주요 기능	기능 설명
기능 1	기능에 대한 설명
기능 2	기능에 대한 설명
기능 3	기능에 대한 설명

2-1-1. 제품·서비스의 개발 방안

◦ 프로토 타입 개발 완료
  - 최소기능 제품 MVP 제작 완료 및 테스트 진행.
  - 테스트 완료 후 시제품 제작 진행
  - 시제품 고객 테스트 및 최종제품 출시

추진전략
- 1단계: 아이디어 수집 기초설계
- 2단계: 3D 모델링 시뮬레이션, 아키텍처 확정
- 3단계: 프로토 타입 제작 완료
- 4단계: 실증테스트 2020.12
- 5단계: 시제품 제작 2021.02
- 6단계: 양산 제작 2021.05

〈사업 추진 일정〉

차수	세부 개발내용	수행기관	기술개발기간(단위: 개월)												비고
			1	2	3	4	5	6	7	8	9	10	11	12	
1차연도	프로투 타입 테스트	주관	■	■	■	■									
	시제품 기획	주관			■	■	■								
	시제품 제작	주관					■	■	■	■					
	시제품 소비자 반응 조사	주관							■	■	■				
	양산준비	주관								■	■	■			
	자재 수급	주관									■	■			
	양산 진행	주관										■	■		
	제품 판매 및 홍보	주관											■	■	

2-1-2. 사업(협약) 기간 내 목표 및 달성 방안

- 시제품 제작
  - 시제품 제작과 동시 판매를 위한 인허가 진행, 2020.00
  - 3D 모델링 및 시뮬레이션을 통한 최적화 제품 연구
- 소비자 반응조사
  - 실제 사용자의 실증 중심의 현장 검증
  - 소비자 반응 군집화를 통한 소비자 요구사항 분석

2-2. 고객 요구사항에 대한 대응방안

주 고객의 요구사항(NEEDS)은 다음과 같습니다.

소비자 NEEDS	대응방안	종래사업과의 차별화
우수한 세척력	애벌싱크에 초음파 부착으로 세척력 향상	애벌세척을 위한 별도의 개수대 필요 2개 이상. 세척 전후 이물질 99% 이상 제거
소비자 NEEDS 2	제공 사업 기능중심으로 설명	기능을 수치화로 표기
소비자 NEEDS 3	…	기능을 수치화로 표기

- 우수한 세척력
  - 종래의 세척기는 별도의 싱크대가 없어 별도의 개수대에 담가 식기를 불리는 용도로 사용함. 목표 세척력 99% 이상.
    (화학시험 연구원 TEST 예정)
  - 애벌싱크 2개소에 초음파 부착으로 세척력을 향상

애벌싱크 3D 모델링

2. 실현가능성(Solution)

2-1. 제품·서비스의 개발 방안

주요 기능	기능 설명
기능 1	기능에 대한 설명
기능 2	기능에 대한 설명
기능 3	기능에 대한 설명

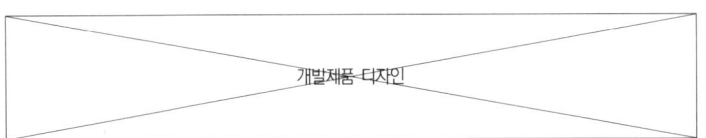

개발제품 디자인

2-1-1. 제품·서비스의 개발 방안

- 식물재배기 3D 설계 작업 진행 중
  - 4인 가족, 2인 가족 중심의 식물재배기 설계 진행

- 식물재배 조건을 위한 물리적 환경 실험 진행 중
  - 1.2M 높이 낙하 테스트
  - 제품 균형을 잡기 위한 물리적 테스트 진행

- 식물재배조건 최적화를 위한 DATA 수집
  - 지역별 특산물 정보 수집
  - 최근 10년 지역별 날씨 DATA 수집(기상청 Api)

〈사업 추진 일정〉

차수	세부 개발내용	수행기관	기술개발기간(단위: 개월)												비고
			1	2	3	4	5	6	7	8	9	10	11	12	
1차연도	1. 제품설계		■	■	■	■									
	2. 제품 시생산					■	■	■							
	3. 재배조건 데이터 확보				■	■	■	■							
	4. 데이터 분석						■	■	■						
	5. 테스트 진행							■	■	■					
	6. 홍보, 양산준비								■	■	■	■	■	■	

2-1-2. 사업(협약) 기간 내 목표 및 달성 방안

- 데이터 다면 분석을 위한 산학연 추진 준비
  - 데이터 다변량 분석을 위한 연세대학교 시스템 공학부와 산학 추진준비

- 제품 완성도를 위한 외부기관 협력
  - 시제품 완성을 위해 한국생산기술연구원에 물리 스트레스 분석 외주 진행

2-2. 고객 요구사항에 대한 대응방안

주 고객의 요구사항(NEEDS)은 다음과 같습니다.

소비자 NEEDS	대응방안	종래사업과의 차별화
신선한 채소	식탁에서 재배하는 시스템 도입	빅데이터 중심의 최적화 조건 자동 설정
소비자 NEEDS 2	제공사업 기능중심으로 설명	기능을 수치화로 표기
소비자 NEEDS 3	……	기능을 수치화로 표기

- 신선한 채소
  - 4인 가족 중심으로 식탁에서 바로 먹는 신선한 채소에 대한 NEEDS가 증가함에 따라 이를 대응하기 위한 방법으로……
  - 빅데이터 중심의 재배조건 형성으로 종래 재배방법보다 1.3배 빠른 재배 시스템을 도입하여……

BIG DATA 응용화면

두 번째로 중요한 '2. 실현가능성' 작성 예를 보았습니다.

'1. 문제인식'에서 내가 하고자 하는 일들, 내가 만들고자 하는 것과 당위성에 대해서 설명을 했다면 '2. 실현가능성' 부분에서는 내 당위성을 어떤 방법으로 하겠다는 것을 설명하는 곳입니다. 나의 프로젝트 추진방법에 대해서 설명을 논리적으로 잘해야 하는 것은 당연한 것이고, 이미 일

정부분 구체화를 통해 실체가 있어야 합니다. 즉 실현가능성은 '어떤 어떤 방법으로 이러저러하게 하겠다'가 아니고 '이런저런 것들을 했고, 부족한 요런저런 것을 하겠다'입니다. 이것은 매우 큰 차이입니다. 이미 한 것과 앞으로 할 것 둘 중에 돈을 줘야 한다면 누구에게 줄지 단 0.1초 만에 판단이 됩니다. 이런 논리로 '2. 실현가능성'에서는 시각적으로 설득할 수 있는 것을 먼저 보여 주고 그다음 이런저런 방법으로 아직 구축하지 못한 것을 구축하고 계획에 대해서 일정별 테이블로 설명해 주어야 합니다. 여기서 중요하게 판단하셔야 할 것은 바로 개발 목표입니다. '고객요구사항' 부분에 삽입을 하시든 또는 '기간 내 달성방안' 부분에 삽입을 하셔도 좋습니다. 반드시 개발 목표를 '수치화해서 삽입하셔야 합니다.'

 일정표를 작성하실 때의 Tip 아닌 Tip은 일정표는 기본 양식을 사용하지 마시고 제가 소개해드린 예제처럼 테이블(간트차트)처럼 구현하시는 게 좀 더 전문적으로 보이고 세련되어 보입니다. '2-2. 고객요구사항분석'은 소비자의 NEEDS를 말하는 것이고 어떤 요구를 어떻게 반영하였는가를 설명해야 하는데, 이는 글을 작성하시면서 앞에서 주장하셨기에, 중복이 됩니다. 만약 앞에서 작성한 내용과 100% 일치한다면 '복사 + 붙이기'가 되므로 평가위원에게 안 좋은 인상을 줍니다. 그렇기 때문에 앞에서 주장한 내용 즉 소비자 요구사항을 간단하고 깔끔하게 테이블과 개조식으로 작성하시는 것을 추천드립니다.

 이제 중요한 것은 끝났습니다. 이후에는 '3. 성장전략', '4. 팀원' 부분 작성하겠습니다.

3. 성장전략(Scale-up)

3-1. 자금소요 및 조달계획

※ 자금의 필요성, 금액의 적정성 여부를 판단할 수 있도록 사업비(정부지원금 + 대응자금)의 사용계획 등을 기재(신청사업의 통합관리지침 및 세부관리기준에 근거하여 작성)

-

〈사업비 세부내역(정부지원금 + 대응자금)〉

비목	산출근거	금액(원)		
		정부 지원금	대응자금	
			현금	현물
재료비	• DMD소켓 구입(○○개×○○○○원)	3,448,000		
	• 전원IC류 구입(○○개×○○○원)	7,652,000		
외주용역비	• 시금형제작 외주용역 (○○○제품 … 플라스틱금형제작)		7,000,000	
지급수수료	• 국내 ○○○전시회 참가비 (부스임차, 집기류 임차 등 포함)			
인건비			10,000,000	
…				
…				
…				
합 계				

3-2. 시장진입 및 성과창출 전략

3-2-1. 내수시장 확보 방안(경쟁 및 판매가능성)

※ 내수시장을 중심으로 주 소비자층, 주 타겟시장, 진출시기, 시장진출 및 판매 전략, 그간 성과 등을 구체적으로 기재

-

◦ **내수시장 진출 실적** ※ 관련실적이 없는 경우 '해당사항 없음'으로 기재

유통채널명	진출시기	판매 아이템	판매금액
롯데마트	2017.0.0.~2017.0.0.		○○○백만 원
…			
…			

3-2-2. 해외시장 진출 방안(경쟁 및 판매가능성)

※ 해외시장을 중심으로 주 소비자층, 주 타겟시장, 진출시기, 시장진출 및 판매 전략, 그간 성과 등을 구체적으로 기재

○

-

○ **글로벌 진출 실적** ※ 관련실적이 없는 경우 '해당사항 없음'으로 기재

수출국가수	수출액	수출품목수	수출품목명
○개국	○○○백만 원	○○개	○○○, ○○○, ○○○
…			
…			

○ **글로벌 진출 역량** ※ 관련 실적이 없는 경우 '해당사항 없음'으로 기재

해외특허 건수 (출원 제외)	국제인증 건수	국제협약체결 건수 (외국 현지기업과 MOU, NDA 등)
○건	○○건	○○건
…		
…		

○ **수출분야 핵심인력 현황:** ○○명

※ 수출인력이 없는 경우 '해당사항 없음'으로 기재
※ 수출분야 핵심인력 예시
  - 임직원 중 수출 또는 무역관련 회사 경력자, 임직원 중 1년 이상 해외 근무 경험자, 임직원 중 해외학위(학사 이상) 보유자 등

성 명	직 급	주요 담당업무	경력 및 학력
○○○	과장	영어권 수출	○○무역회사 경력 3년
…			베트남 현지 무역업체 2년 근무
…			
…			

4. 팀 구성(Team)

4-1. 대표자·팀원의 보유역량 및 기술보호 노력

∘ **대표자 현황 및 역량**

※ 제품(서비스)과 관련하여 대표자가 보유하고 있는 이력, 역량 등을 기재

-

∘ **현재 재직인원 및 고용계획** ※ 예비 재창업자는 '현재 재직인원' 작성 생략
※ 사업 추진에 따른 현재 재직인원 및 향후 고용계획을 기재

-

현재 재직인원 (대표자 제외)	명	추가 고용계획 (협약기간 내)	명

∘ **팀원현황 및 역량** ※ 예비 재창업자는 현 팀원 현황 및 역량을 기재
※ 사업 추진에 따른 현재 고용인원 및 향후 고용계획을 기재
  * 일자리 안정자금이란?: 최저임금 인상에 따른 소상공인 및 영세중소기업의 경영부담을 완화하고, 노동자의 고용불안을 해소하기 위하여 정부에서 근로자 보수를 지원(고용노동부, 근로복지공단)

순번	직급	성명	주요 담당업무	경력 및 학력 등	채용연월	일자리 안정자금 수혜여부
1	과장	○○○	S/W 개발	컴퓨터공학과 교수	'00. 8	○ / X
2	…		해외 영업 (베트남, 인도네시아)	○○기업 해외영업 경력 8년	채용 예정	
3	…		R&D	○○연구원 경력 10년		

◦ **추가 인력 고용계획**

순번	주요 담당업무	요구되는 경력 및 학력 등	채용시기
1	S/W 개발	IT분야 전공 학사 이상	'20. 8
2	해외 영업 (베트남, 인도네시아)	글로벌 업무를 위해 영어회화가 능통한 자	
3	R&D	기계분야 전공 석사 이상	

◦ **업무파트너(협력기업 등) 현황 및 역량**

※ 창업아이템 개발에 필요한 협력사의 주요역량 및 협력사항 등을 기재

순번	파트너명	주요역량	주요 협력사항	비고
1	○○전자		테스트 장비 지원	~'20.12
2	…			협력 예정
3	…			

◦ **기술보호 노력**

-

※ 개발(한)하는 제품·서비스의 보호방안 및 운영하고 있는 자체 기술보호(보안) 관리 체계(보안담당자 지정, 기술보호교육, 보안규정, 기술임치도입, 출입관리 등 기술적 물리적 보안시스템 운영 등)
※ 제품·서비스 개발 후 기술유출 방지를 위한 기술보호 계획을 기술

4-2. 사회적 가치 실천계획

※ 양질의 일자리 창출을 위한 중소기업 성과공유제, 비정규직의 정규직화, 근로시간 단축 등 사회적 가치 실천계획을 기재

* **중소기업 성과공유제 개요**: 중소기업 근로자의 임금 또는 복지 수준 향상을 위해 사업주가 근로자간에 성과를 공유하는 제도(중소기업 인력지원 특별법 제27조의 2)

구분		내용
현금	경영성과급	기업 차원에서 이익 또는 이윤 등의 경영성과가 발생했을 때 해당 성과를 회사 종업원들과 공유하는 경영활동
	직무발명보상	종업원, 법인의 임원 또는 공무원이 개발한 직무발명을 기업이 승계 소유하도록 하고, 종업원 등에서 직무발명의 대가에 상응하는 정당한 보상을 해주는 제도
주식	우리사주	'우리 회사 주식 소유제도'의 줄임말로, 근로자가 자신이 근무하는 회사의 주식을 취득 보유할 수 있도록 하는 제도
	주식매수선택권 (스톡옵션)	회사가 정관으로 정하는 바에 따라 임직원 등에게 미리 정해진 가격으로 신주를 인수하거나 회사의 주식을 매수할 수 있는 권리를 부여하는 것
공제 및 기금	내일채움공제	5년 이상 장기재직한 핵심인력에게 중소기업과 핵심인력의 공동 적립금과 복리이자를 성과보상금 형태로 지급하는 제도
	과학기술인공제회	과학기술인에 대한 생활안정과 복리를 도모하기 위해서 설립된 공제기구
	사내근로복지기금	근로자의 복지를 위해 기업이 이익금을 출연해 조성한 기금
일·생활 균형제도	일·생활균형캠페인 참여 기업	기업의 일하는 방식과 문화를 개선하고자 고용노동부에서 시행하는 '일·생활균형캠페인' 참여기업(고용노동부 승인)

* 출처: 중소기업 성과공유제 활성화 방안, 중소기업연구원, 2017
* 대중소기업 상생협력 촉진에 관한법률 제8조(상생협력 성과의 공평한 배분)의 성과공유제와는 다른 제도임

〈중소기업 성과공유제 도입현황 및 계획〉

제도명	도입 여부	주요내용	실적*
내일채움공제	완료('19.10)	정관 취업규칙 등 내부 규정과 주요내용을 발췌하여 기재	근로자 2인 적용
스톡옵션	완료('19.12)	'19.12월 제도도입 이후 기업 주주총회를 통해 스톡옵션 부여	총 ○명, ○○○주 (○○○○원) 행사
사내근로복지기금	예정('20.06)	기금조성 및 기금법인 설립, 운용규정 마련	○○백만 원
…			

'3. 성장전략'과 '4. 팀 구성'은 앞서 작성한 것보다는 상대적으로 중요도가 낮습니다. 낮은 이유는 평가위원 입장에서 앞서서 아이템과 계획

에 대해서 설명 들었으니 그다음 생각이 드는 건 '진짜 할 수 있어?' 부분입니다. 하지만 그렇다고 너무 쉽게 생각하시면 안 됩니다. 글을 작성하는 시점인 2020년 이전에는 아이디어만 있어도 창업지원을 해주었는데 2020년에는 그러지 않습니다. 실제로 할 수 있는지 없는지는 그 사람의 과거 경력 그리고 팀원의 능력을 봅니다. 그리고 그 능력이라는 것은 "재무"적인 것과 "경력"적인 것을 말씀드립니다.

먼저 재무적인 것을 중심으로 '3. 성장전략'을 생각하면 우리는 사업을 하기 위해서 이미 돈을 투입했고(프로토 타입제작, 특허출원 등) 앞으로 얼마를 더 투자할 것인데 그중 정부지원이 얼마 있었으면 한다는 콘셉트입니다. 실제 사업화를 생각하신다면 제 주장이 합리적인 주장으로 느껴지실 것이라 생각합니다. 다음 예시를 보면서 설명하겠습니다.

3. 성장전략(Scale-up)

3-1. 자금소요 및 조달계획

합계(총 사업비) (100%)	정부지원금 (40% 이하)	창업자부담금(60% 이상)		
		현금(40% 이상)	현물(20% 이하)	소 계
250,000천 원	100,000천 원	100,000천 원	50,000천 원	150,000천 원

* 창업자 부담금 조달계획: 자금확보 완료. 향후 사업성장을 위해 기보, 신보 대출예정.

비목	산출근거	금액(원)		
		정부 지원금	대응자금 (현금)	대응자금 (현물)
외주용역비	외형 설계 디자인	20,000,000	0	-
	내부 설계 디자인	20,000,000	0	-
	제어 판넬 제작	30,000,000	0	-
	외함 제작	20,000,000	0	-
인건비	제품 디자인 인력	0	0	50,000,000
홍보비용	홈페이지	0	30,000,000	-
	홍보전단 제작	0	20,000,000	-
	홍보용 영상제작	0	20,000,000	-
	프로모션	10,000,000	10,000,000	-
	기타 홍보	0	20,000,000	-
합 계		100,000,000	100,000,000	50,000,000

　크게 어렵게 작성할 필요 없이 위 예시 템플릿을 그대로 사용하길 권장합니다.

　조금 특이한 것은 제가 권장해 드리는 템플릿에는 '현물'이 들어가 있습니다. 하지만 재 도전창업지원 패키지 사업은 예비창업과 마찬가지로 '현물'에 대한 개념이 크게 중요하지 않습니다. 그래서 보통의 경우 대표자 또는 같이 참여하는 팀원의 인건비로 설정하면 됩니다.

　사업비 활용에 있어서 구체적으로 우리 대응자금은 이렇고 이 중 현금, 현물은 이렇다라고 설명하는 것에 있어 주의하셔야 할 것은 정부에서 지원받는 것은 100% 제작에 관한 것으로 해야 합니다. 홍보비에도 편성을 해도 전혀 문제없지만, 단순하게도 평가위원의 마음에 들기 위함입니다. 아무래도 정부지원으로 홍보해서 소진되는 게 아니고 제품 만들어서 판매하겠다는 콘셉트가 좀 더 설득적이기 때문입니다. 물론 평가위원마다 성향이 다르지만 보통의 평가위원은 보수적인 성향이라고 생각합니다. 물론 저도 평가를 하면서 매우 보수적으로 판단하고 생각합니다.

3-2. 시장진입 및 성과창출 전략

3-2-1. 내수시장 확보 방안(경쟁 및 판매가능성)
※ 내수시장을 중심으로 주 소비자층, 주 타겟시장, 진출시기, 시장진출 및 판매 전략, 그간 성과 등을 구체적으로 기재
◦
-
◦ **내수시장 진출 실적** ※ 관련실적이 없는 경우 '해당사항 없음'으로 기재

유통채널명	진출시기	판매 아이템	판매금액
롯데마트	2017.0.0.~2017.0.0.		○○○백만 원
…			
…			

3-2-2. 해외시장 진출 방안(경쟁 및 판매가능성)
※ 해외시장을 중심으로 주 소비자층, 주 타겟시장, 진출시기, 시장진출 및 판매 전략, 그간 성과 등을 구체적으로 기재
◦
-
◦ **글로벌 진출 실적** ※ 관련실적이 없는 경우 '해당사항 없음'으로 기재

수출국가수	수출액	수출품목수	수출품목명
○개국	○○○백만 원	○○개	○○○, ○○○, ○○○
…			
…			

- **글로벌 진출 역량** ※ 관련 실적이 없는 경우 '해당사항 없음'으로 기재

해외특허 건수 (출원 제외)	국제인증 건수	국제협약체결 건수 (외국 현지기업과 MOU, NDA 등)
○건	○○건	○○건
…		
…		

- **수출분야 핵심인력 현황:** ○○명
  ※ 수출인력이 없는 경우 '해당사항 없음'으로 기재
  ※ 수출분야 핵심인력 예시
   - 임직원 중 수출 또는 무역관련 회사 경력자, 임직원 중 1년 이상 해외 근무 경험자, 임직원 중 해외학위(학사 이상) 보유자 등

성 명	직 급	주요 담당업무	경력 및 학력
○○○	과장	영어권 수출	○○무역회사 경력 3년
…			베트남 현지 무역업체 2년 근무
…			
…			

다음 작성할 것은 수출을 포함하여 시장에 관한 것입니다. 시장성 확인도 부담스럽지만 특히 수출부분은 더 부담될 수 있습니다. 하지만 평가위원들도 대부분 처음부터 수출하기 어려운 것 다 알고 있습니다. 다만 수출이 가능하냐 불가능하냐 이런 가능성을 확인하고자 하는 것입니다. 다음 예시를 보면서 설명드리겠습니다.

3-2. 시장진입 및 성과창출 전략

3-2-1. 내수시장 확보 방안(경쟁 및 판매가능성)

☐ 고객사 분석

소규모 식당	- 1~2명 운영 식당을 중심으로 하는 소형 식기 세척기 제작판매 - TABLE 10개 미만 식당을 중심으로 하는 세척기 제작판매 - 현장에 맞춘 분리형, 일체형 개발 판매 진행
대형 식당	- 연속 세척식 세척기 시스템 제작 판매 - 세척기 + 세제 구독 시스템 확보

☐ 고객사 및 고객 확보 방법

소규모 식당	- 전시회 참여 - 황학시장 등 전문 유통상가를 활용한 판매
대형 식당	- 직접 판매 - 사용 후 구매하는 후불형 시스템 도입을 통한 경쟁력 확보

∘ 매출목표

제공서비스	단가(천 원)	예상수요	매출(천 원)	비고
소규모식당	800	1,000	800,000	연
대형식당	2,500	3,000	7,500,000	연간

∘ 내수시장 진출 실적

유통채널명	진출시기	판매 아이템
○○○ 주방	2016.09~2019.09	주방기구
○○○	2016.09~2019.09	주방기구
○○○	2016.09~2019.09	주방기구
○○○	2016.09~2019.09	주방기구

3-2. 시장진입 및 성과창출 전략

3-2-1. 내수시장 확보 방안(경쟁 및 판매가능성)

☐ 주 고객사 및 고객 분석

4인 미만 가정	- 아이와 함께 하는 식물재배 경험 제공 - 식탁 위 신선한 야채 제공 - 소형화 스마트화와 함께 추가적인 기능 필요
중·장년 가정	- 상대적 높은 수준의 실내 식물재배 능력 다양한 작물에 대한 재배 욕구

□ 고객사 및 고객 확보 방법	
4인 미만 가정	- 맘카페, 유아 전시회 참관 - SNS 활용 - 충성고객 대응을 위한 프로모션
중·장년 가정	- 대리점 형식의 방문판매 정기적인 실물재배 키트 제공(구독서비스)

∘ 매출목표

제공서비스	단가	예상수요	매출	비고
4인 미만 가정	○○○○	○○○○	○○○○	-
중·장년 가정	○○○○	○○○○	○○○○	-

∘ 내수시장 진출 실적

유통채널명	진출시기	판매 아이템	기타
LS 리테일			

'3-2 시장진입 및 성과창출 전략' 항목을 작성하실 때 주의하셔야 할 것은 '3-1' 항목과 마찬가지로 매우 짧게 개조식으로 필요한 부분만 작성합니다. 소비자의 NEEDS를 간략하게 분석하고 이를 이용하여 시장창출방안을 설명하게 됩니다. 예시글에는 없지만, 상황에 따라서 시장규모를 측정할 만한 객관적인 자료가 있으면 더욱 좋습니다. 시장규모 측정한 자료 이외 더 좋은 자료는 고객사를 미리 확보했다는 객관적인 증거들, 예를 들면 특정 유통회사와의 계약서 또는 MOU 같은 것들이 되겠습니다. 구체적으로 고객분석 아래에는 고객을 특정하는 객관적인 자료가 들어가면 좋고 매출목표 및 내수시장 진출실적 사이에는 MOU 같

은 것들이 있으면 좋습니다. 다만 이런 별첨 자료들을 이미지화해서 삽입하게 되면 페이지 수가 늘어나게 되므로 약간의 고려는 필요합니다.

3-2-2. 해외시장 진출 방안(경쟁 및 판매가능성)
※ 해외시장을 중심으로 주 소비자층, 주 타겟시장, 진출시기, 시장진출 및 판매 전략, 그간 성과 등을 구체적으로 기재

- **글로벌 진출 실적** ※ 관련실적이 없는 경우 '해당사항 없음'으로 기재

수출국가수	수출액	수출품목수	수출품목명
○개국	○○○백만 원	○○개	○○○, ○○○, ○○○
...			
...			

- **글로벌 진출 역량** ※ 관련 실적이 없는 경우 '해당사항 없음'으로 기재

해외특허 건수 (출원 제외)	국제인증 건수	국제협약체결 건수 (외국 현지기업과 MOU, NDA 등)
○건	○○건	○○건
...		
...		

- **수출분야 핵심인력 현황:** ○○명
※ 수출인력이 없는 경우 '해당사항 없음'으로 기재
※ 수출분야 핵심인력 예시
  - 임직원 중 수출 또는 무역관련 회사 경력자, 임직원 중 1년 이상 해외 근무 경험자, 임직원 중 해외학위(학사 이상) 보유자 등

성 명	직 급	주요 담당업무	경력 및 학력
○○○	과장	영어권 수출	○○무역회사 경력 3년
...			베트남 현지 무역업체 2년 근무
...			
...			

한국은 수출을 주력으로 하는 나라이므로 수출부분을 간과할 수 없습니다. 하지만 우리는 수출을 어디에서 어떤 방법으로 시작해야 할지 막막하기만 합니다. 막막하기에 수출부분은 '공란'으로 둔다면 지원사업에 선정되기 어려우실 것입니다. 그래서 대표님이 준비를 해야 하는 것이 몇 가지 있습니다. 만약 수출에 자신이 없으시다면, 최소한의 충족요건을 확보해야 합니다. 최소한의 충족요건을 확보하기 위해서 다음 사업을 신청하시는 것을 적극 권장해 드립니다.

출처: kosmes.or.kr

기창업기업이라면 중소기업진흥공단의 수출관련 교육 또는 지원 사업에 1회 이상 참여를 하시어 참여 실적과 기록을 남기셔야 합니다.

위 사이트는 중소기업진흥공단의 '중소기업연수원'에서 진행하는 교육 사업입니다. 아직 창업을 하지 않으셨거나 또는 창업을 하셨지만 수출입에 대해 잘 모르신다면 위 수업을 반드시 들으셔서 이수하십시오.

위와 같은 최소한의 노력을 해야 평가위원들이 긍정적으로 평가를 합니다. 평가위원들 입장에서 해외고객의 MOU 같은 것을 확인한다면 더욱 긍정적으로 평가할 것입니다.

다시 말씀드리면, 해당사항이 없다고 '해당사항 없음'이라고 적을 것이 아니고 해외 고객을 국내고객과 동일시 생각하시어 국내 시장과 유사하게 작성을 하시고, 진출실적은 현재 없으므로 '해당사항 없음'이라고 적는 게 아니고 계획하고 있는 것이며 그 계획한 내용을 짧게 작성하고 계획에 대한 증빙으로 수출실적 바로 아래 부분에 지금까지 진행한 노력을 보여 주는 것입니다.

3-2-2. 해외시장 진출 방안(경쟁 및 판매가능성)
- 2020년 내 수출바우처 사업 신청 예정
- 국제 행사 및 전시회 참가 예정

해외 수출지원사업 참가한 실적 사진

- 글로벌 진출 실적

수출국가수	수출액	수출품목수	수출품목명
인도네시아	○○USD	○○개	○○○제품

* NOTE: 해외 수출지원사업 참가한 실적과 관련 있는 국가로 하십시오.

- 글로벌 진출 역량

해외특허 건수 (출원 제외)	국제인증 건수	국제협약체결 건수 (외국 현지기업과 MOU, NDA 등)
해당없음		

- 수출분야 핵심인력 현황: 01명

성 명	직 급	주요 담당업무	경력 및 학력
홍승민	대표	해외영업	중소기업진흥공단 무역실무 과정 수료

　　전체적인 작성방향은 개조식으로 사실 중심으로 간략하게 작성합니다. 그리고 '수출바우처' 사업은 중기부에서 진행하는 대표적인 수출지원프로그램이므로 '지원예정' 또는 '수행중'이라고 작성하십시오. 물론 이보다 더 좋은 수출사업을 하고 계시면 그것을 간단하게 작성합니다.

　　글로벌 진출실적은 현재 있으시면 또는 과거 직장에서 경험이 있으시면 또는 직전사업에서 경험이 있으시면 작성하는 것이고 글로벌 진출실적이 없다면 수출지원 프로그램에서 미팅을 했던 또는 앞으로 신청하게 된다면 신청 시 만나고자 하는 국가에 대한 정보를 작성하시면 됩니다. 만약 아직 계획이 없다 하시더라도 작성하는 것을 권장드립니다. 진출역량과 핵심인력 역시 개조식으로 간단하게 작성합니다.

위 예시에서 보이듯이 실제 수출을 위해 준비가 되지 않으셨다면 최소한의 노력을 통해서 준비한 것들을 보여 줘야 합니다. 그리고 실제로 제가 추천드린 사업을 진행하시면 수출을 어떤 방법으로 해야 하는지를 알게 되실 것입니다.

4. 팀 구성(Team)

4-1. 대표자·팀원의 보유역량 및 기술보호 노력

◦ 대표자 현황 및 역량
※ 제품(서비스)과 관련하여 대표자가 보유하고 있는 이력, 역량 등을 기재
◦
-

◦ **현재 재직인원 및 고용계획** ※ 예비 재창업자는 '현재 재직인원' 작성 생략
※ 사업 추진에 따른 현재 재직인원 및 향후 고용계획을 기재
-

현재 재직인원 (대표자 제외)	명	추가 고용계획 (협약기간 내)	명

◦ **팀원현황 및 역량** ※ 예비 재창업자는 현 팀원 현황 및 역량을 기재
※ 사업 추진에 따른 현재 고용인원 및 향후 고용계획을 기재
  * 일자리 안정자금이란?: 최저임금 인상에 따른 소상공인 및 영세중소기업의 경영부담을 완화하고, 노동자의 고용불안을 해소하기 위하여 정부에서 근로자 보수를 지원(고용노동부, 근로복지공단)

순번	직급	성명	주요 담당업무	경력 및 학력 등	채용연월	일자리 안정자금 수혜여부
1	과장	○○○	S/W 개발	컴퓨터공학과 교수	'00. 8	O / X
2	…		해외 영업 (베트남, 인도네시아)	○○기업 해외영업 경력 8년	채용 예정	
3	…		R&D	○○연구원 경력 10년		

○ 추가 인력 고용계획

순번	주요 담당업무	요구되는 경력 및 학력 등	채용시기
1	S/W 개발	IT분야 전공 학사 이상	'20. 8
2	해외 영업 (베트남, 인도네시아)	글로벌 업무를 위해 영어회화가 능통한 자	
3	R&D	기계분야 전공 석사 이상	

○ 업무파트너(협력기업 등) 현황 및 역량
※ 창업아이템 개발에 필요한 협력사의 주요역량 및 협력사항 등을 기재

순번	파트너명	주요역량	주요 협력사항	비고
1	○○전자		테스트 장비 지원	~20.12
2	...			협력 예정
3	...			

○ 기술보호 노력

-
※ 개발(한)하는 제품·서비스의 보호방안 및 운영하고 있는 자체 기술보호(보안) 관리 체계 (보안담당자 지정, 기술보호교육, 보안규정, 기술임치도입, 출입관리 등 기술적 물리적 보안시스템 운영 등)
※ 제품·서비스 개발 후 기술유출 방지를 위한 기술보호 계획을 기술

마지막으로 팀 구성입니다.

팀 구성은 대표자와 팀원의 실적을 작성하는데 특별한 경력이 없더라도 최대한 있어 보이게 작성해야 합니다. 직전 직장에서의 우수 성과도 작성하고 자신 있는 부분을 약간 그럴싸하게 표현을 해도 됩니다. 다만 거짓말이면 안 됩니다.

먼저 '대표자역량' 부분은 최대한 대표자의 업력 및 실적을 잘 포장하여 작성하시고, 팀원 역시 최대한 포장을 해서 작성을 하십니다. 직전직장이나 직전사업에 관계된 것도 나쁘지 않습니다. '현재 재직인원 및 고용현황' 현재 직원 수를 작성하시는데 4대 보험에 가입이 되어 있지 않더라도 같이 일하시는 분들을 작성합니다. 그리고 반드시 추가고용 계획도 있으셔야 합니다.

다음으로 같이 일하시는 팀원의 역량을 대표이사와 마찬가지로 최대한 있어 보이게 작성을 하시면 됩니다.

'업무파트너'는 우리와 가장 유기적으로 움직이는 협력사에 대해서 간단하게 작성합니다. 이때 중요한 것은 대표자와 팀원이 못 하는 일을 업무파트너가 하는 것입니다.

> ◦ **기술보호 노력**
>
> - 내부 보안규정에 따른 보안서약서 작성 및 보관 중
> - 정기적인 자체 보안교육 진행 및 PC 등 백신 확인 진행
> - 서버 보안을 위한 아키텍처 개발 예정
> - 당사는 기술보호를 위해 대 중소기업 농업 협력재단에서 진행하는 기술보호에 대한 컨설팅을 받을 예정입니다.

기술보호 노력은 위 항목으로 작성하시면 되고, 실제 보안에 대해서 잘 알고 계시면 알고 계시는 것을 매우 간단하게 두세 줄로 작성합니다.

마지막으로 '4-2. 사회적 가치 실현'입니다. 사회적 가치 실현 역시 다음 예시를 기준으로 작성하시면 됩니다.

제도명	도입 여부	주요내용	실적
내일채움공제	예정 (20.09)	신규 채용 예정인 모든 인원 신청 가능	예정
경영성과급	예정 (20.07)	해마다 사업 성과에 따라 경영 성과급 지급	예정
사내근로복지기금	예정 (20.05)	기금조성 및 기금법인 설립, 운용규정 마련 외	예정

가장 최적의 기준은 정관에 기록해서 그 정관을 첨부하는 것입니다. 하지만 정관이 없을 수도 있으니 위와 같이 작성하시면 됩니다.

재도전 패키지 지원사업에 대해서 작성을 해보았습니다.
전체적인 큰 맥락을 다시 한번 확인을 하면, 1. 안 되는 건 없다. 2. 애로는 그냥 자금이 조금 부족한 것이다. 3. 우리는 이미 고객을 확보하고 시작한다. 4. 이미 사업을 진행하고 있어서 우리는 무조건 이 사업을 한다.

위와 같은 맥락에서 글을 작성했습니다.

11

사업공고를 기준으로 준비하는 초기창업패키지 지원사업

11

사업공고를 기준으로 준비하는 초기창업패키지 지원사업

　초기창업패키지 사업은 유망기술을 보유하고 있는 창업 3년 이내 기업에 한정해서 신청 가능합니다. 사업공고를 확인하기 앞서서 '유망기술'은 보통 제조업을 이야기합니다. 그리고 본 글을 작성하는 시점인 2020년을 기준으로 2020년 하반기 2021년까지는 포스트 코로나19에 대응하기 위한 비대면 서비스 역시 유망기술이라 할 수 있습니다. 비대면 서비스의 특징은 온라인상에서 무언가를 해야 하는 것입니다. 온라인상에서 무언가를 하는 것이지 종래 진행되는 산업의 일부를 온라인으로 옮긴 '단순 유통 플랫폼'은 지원하지 않습니다. 자세한 것은 공고를 보며 말씀드리겠습니다.

중소벤처기업부 공고 제2020 - 463호

「2020년 초기창업패키지」 2차 창업기업 모집 공고

유망 창업아이템 및 고급기술을 보유한 초기창업기업을 대상으로 사업 안정화와 성장을 지원하는 『2020년 초기창업패키지』(2차)에 참여할 초기창업기업(개인·법인) 모집을 다음과 같이 공고합니다.

2020년 8월 21일
중소벤처기업부 장관

1 모집개요

☐ 사업목적: 유망 창업아이템을 보유한 초기창업기업을 대상으로 사업 안정화와 성장을 지원

☐ 지원분야: **全 분야의 아이템**

☐ 선정규모: 총 190개사 내외

○ 각 주관기관별로 모집·선정하며, 1개의 주관기관을 선택하여 신청

○ 주관기관별 지원 규모(참고 3 참고) 중 3개社 이상은 해당 권역* 內 소재 창업기업(사업자등록증 또는 법인등기부등본 상의 본사(점) 소재지 기준)으로 선발

  * 서울권, 경인권(인천·경기), 강원권, 충청권(대전·세종·충남·충북), 호남권(광주·전남·전북), 대경권(대구·경북), 동남권(부산·울산·경남), 제주권

2 신청자격 및 제외대상

☐ 신청자격: 「중소기업기본법」 제2조 1항에 따른 중소기업의 대표자로서 '17. 8. 21.~'20. 8. 20.에 창업한 기업의 대표자

* 동 공고문상의 모든 '기업'은 개인·법인기업을 포함하는 의미임
* **개인사업자**: 사업자등록증상 '개업연월일' 기준으로 업력을 산출
* **법인사업자**: 법인등기부등본상 '회사성립연월일' 기준으로 업력을 산출

□ 신청자격 중 '업력' 검토 기준

* 업종은 한국표준산업분류(제10차)를 기준으로 하며 5자리 중 앞에서 4자리까지 일치하면 "동종업종"(통계청, kssc.kostat.go.kr 참조)

◆ **1회 창업한 경우**: 개업연월일 또는 회사성립연월일이 '**17. 8. 21.~'20. 8. 20.**인 기업(개인·법인)인 경우 ⇒ 신청 가능

◆ **2회 이상 창업한 경우**

- 모든 사업자의 개업연월일 또는 회사성립연월일이 '**17. 8. 21.~'20. 8. 20.**인 경우 ⇒ 신청 가능

- 신청하고자 하는 사업자의 개업연월일 또는 회사성립연월일이 '17. 8. 21.~'20. 8. 20.이지만, '17. 8. 21. 전에도 창업하였을 경우

〈신청 가능한 경우〉

▶ '17. 8. 21. 전에 설립한 기존 기업(폐업기업 포함)과 **이종업종의 제품을 생산하는 법인사업자로 신청하는 경우**

▶ '17. 8. 21. 전에 설립한 기존 기업을 **폐업하지 않고, 다른 장소에서 동종업종의 제품을 생산하는 법인사업자로 신청하는 경우**

▶ **개인사업자**가 '17. 8. 21. 전에 설립한 기존 사업자를 **모두 폐업**하고, '17. 8. 21. 전에 설립한 기존 사업자와 **이종업종의 개인사업자인** 경우(사업승계의 경우 제외)

〈신청 불가한 경우〉

▶ '17. 8. 21. 전에 설립한 기존 기업(폐업기업 포함)과 **동일한 장소**에서 **동종업종의 제품을 생산**하는 **법인사업자로 신청**하는 경우
※ **조직변경, 형태변경, 위장창업에 해당**

▶ '17. 8. 21. 전에 설립한 **기존 기업을 폐업**하고, **다른 장소에서 동종업종의 제품을 생산**하는 **법인사업자로 신청**하는 경우
※ **법인전환, 사업승계에 해당**

▶ **개인사업자**가 '17. 8. 21. 전에 설립한 기존 사업자를 **모두 폐업**하고, '17. 8. 21. 전에 설립한 기존 사업자와 **동종업종의 개인사업자로 신청**하는 경우
※ **사업이전(재창업)에 해당**

▶ **개인사업자**가 '17. 8. 21. 전에 설립한 기존 사업자를 **폐업하지 않고**, '17. 8. 21. 전에 설립한 기존 사업자와 **동종 또는 이종업종의 개인사업자로 신청**하는 경우
※ **사업확장, 업종추가에 해당**

□ 신청 제외대상

―― 신청 제외대상 ――

▶ **금융기관 등으로부터 채무불이행으로 규제중인 자(기업)**

* 단, 신청 접수 마감까지 채무변제 완료 후 증빙이 가능한 자(기업), 신용회복위원회의 프리워크아웃, 개인워크아웃 제도에서 채무조정합의서를 체결한 경우, 법원의 개인회생제도에서 변제계획인가를 받거나 파산면책 선고자, 회생인가를 받은 기업은 신청 가능

▶ **국세 또는 지방세 체납으로 규제중인 자(기업)**

* 단, 세금 분납계획에 따른 성실납부기업(체납처분유예신청), 신청 접수 마감까지 국세, 지방세 등의 특수채무 변제 후 증빙이 가능한 자(기업)는 신청 가능

▶ 단, 금융기관 등으로부터 채무불이행으로 규제중인 자(기업)·국세 또는 지방세 체납으로 규제중인 자(기업) 중 중소벤처기업진흥공단 등으로부터 재창업자금을 지원받은 자(기업), 건강관리시스템 기업구조 개선진단을 통한 정상화 의결기업 등 정부·공공기관으로부터 재기지원 필요성을 인정받은 자(기업)는 신청 가능

▶ 『2020년 초기창업패키지』 글로벌 협업프로그램 창업기업 모집 공고('20.8.31. K-스타트업 홈페이지 공고 예정)와 중복 신청 불가

▶ **중소벤처기업부 창업사업화지원사업 중 동 사업 지원제외 대상사업**([참고 1] 참조)**에 선정되어 협약을 체결한 자(기업)** ※ 중단(중단처분·포기자)자도 지원 제외 대상임

* **창업사업화지원사업**: 창업을 전제로 창업 아이템의 사업화를 위한 시제품 제작비, 지식재산권 확보, 마케팅비 등 사업화에 소요되는 자금을 창업기업에게 지원하는 사업

▶ **「중소기업창업 지원법」 시행령 제4조(창업에서 제외되는 업종)의 업종으로 동 사업에 신청하고자 하는 자(기업)**

* **지원제외 대상 업종:** 일반유흥주점업, 무도유흥주점업, 기타 사행시설 관리 및 운영업
** 대상 업종의 세부사항은 제10차 한국표준산업분류코드(통계청, kssc.kostat.go.kr) 참고

▶ **신청일 현재 휴업 중인 기업**

▶ **중소벤처기업부 창업사업화사업 참여제한 중인 자(기업)**

▶ **기타 중소벤처기업부 장관이 참여제한의 사유가 있다고 인정하는 자(기업)**

▶ **동 사업 주관기관 전담조직의 총괄책임자, 전담인력, 겸직인력으로 참여 중인 자**

먼저 모집개요를 보시면 '주관기관별 지원규모'가 있습니다. 이 부분 꼭 확인하셔야 합니다. 주관기관을 잘 선택하시는 것도 요령입니다. 저는 지방을 추천합니다. 서울 경기보다 상대적으로 경쟁률이 유리하기 때문입니다.(정확한 데이터는 없지만, 제가 경험한 것을 말씀드린 것입니다.)

다음으로 중요한 것은 신청자격 확인입니다. 꼭 신청자격을 확인하셔야 합니다. 간혹 3년이 넘어가는데 지원하시는 경우가 많습니다. 직전에 폐업이 아닌 상태에서 창업하셨더라도 다른 장소 다른 사업이면 됩니다. 물론 창업장소의 경우 같은 장소에서 다른 사업을 하는 경우는 지원대상이 되지만, 아무래도 평가위원들이 곱게 보지는 않을 것입니다. 더불어 '신청제외 대상' 역시 읽어 보셔야 합니다.

3 지원 내용

☐ 지원 기간: 7개월('20.11월~'21.5월 예정)

☐ 지원 내용: 사업화 자금, 특화 프로그램 등

지원구분	지원 세부사항
사업화 자금 (최대 1억 원)	▶ 시제품제작, 지재권 취득, 마케팅 등에 소요되는 사업화 자금 **최대 1억 원** 　* 평가 결과에 따라 사업화자금(정부지원금) 차등 지원 및 협약 체결 　** 창업기업의 사업비 중 대응자금은 천 원 단위에서 올림하여 만 원 단위로 협약 체결 ▶ 총 사업비(100%)의 구성: 정부지원금 70% 이하 + 창업기업 대응자금 30% 이상 　* **(현물)** 창업기업 대표자 및 사업화 수행에 직접 참여하는 기고용 인력의 인건비, 사무실 임차료, 보유 기자재 등으로 부담

지원구분	지원 세부사항				
사업화 자금 (최대 1억 원)	⟨총 사업비 구성⟩				
		정부지원금	창업기업 대응자금30		
			현금	현물	
		총 사업비의 70% 이하	총 사업비의 10% 이상	총 사업비의 20% 이하	
	⟨사업비 구성 예시⟩				
	총사업비	정부지원금	창업기업 대응자금		
			현금	현물	
	1억 원	7천만 원	1천만 원	2천만 원	
	100%	70%	10%	20%	
	⟨사업비목 및 정의⟩				
	비목	비목 정의			
	재료비	• 사업계획서상의 사업화를 위해 소요되는 재료 또는 원료를 구입하는 비용			
	외주용역비	• 창업기업이 자체적으로 시제품제작을 완성할 수 없는 경우 일부 공정에 대해 외부 업체에 의뢰하여 제작하고, 이에 대한 대가를 지급하는 비용			
	기계장치 구입비	• 사업화를 위해 필요한 일정 횟수 또는 반영구적으로 사용 가능한 기계 또는 설비, 비품을 구입하는 비용			
	특허권 등 무형자산 취득비	• 사업계획서상의 창업아이템과 직접 관련 있는 지식재산권 등의 출원·등록 관련 비용			
	인건비	• 창업기업 소속직원이 시제품제작에 직접 참여하는 경우, 과제참여율에 따라 지급하는 급여(대표자 지급 불가)			
	지급수수료	• 사업화를 위한 거래를 수행하는 대가로 요구하는 비용(기술이전비, 학회 및 세미나 참가비, 전시회 및 박람회 참가비, 시험·인증비, 멘토링비, 기자재임차비, 사무실임대료, 운반비, 보험료, 보관료, 회계감사비, 법인설립비 등)			
	여비	• 창업기업이 소재지를 벗어나 타 지역 또는 타 국가로 출장 등의 사유로 집행하는 비용			
	교육훈련비	• 창업기업 임직원이 사업화를 위해 기술 및 경영교육 이수 시 집행하는 비용			
	광고선전비	• 창업기업 제품과 기업을 홍보하기 위한 홈페이지 제작비, 홍보영상 및 홍보물 제작비, 포장 디자인비, 일간지 등의 광고 게재, 기타 마케팅에 소요되는 비용			
특화 프로그램	▶ 주관기관별 특화(집중발굴분야) 등을 고려하여, 창업기업 지원 프로그램 운영·지원 * 공고문상 주관기관별 소개자료 파일 참고				

지원 내용에서 주의 깊게 봐야 할 것은 사업비 비목을 보시면 '아~~ 제조 중심의 사업이구나'라고 생각하실 수 있습니다. 그리고 대표자 월급 못 가져갑니다. 더불어 기업 대응자금 현금 1천만 원이 있습니다. 1천만 원은 내가 넣고 내가 쓰는 것이니 부담 없으실 것입니다. 본 지원사업을 통해 직원 월급하고 시작품 제작 지원받으시는 것을 생각하시면 됩니다.

공고문의 나머지는 상대적으로 덜 중요하니 한번 읽어만 보시는 것을 권장드립니다.

12

초기창업패키지 지원사업 사업계획서 작성하기

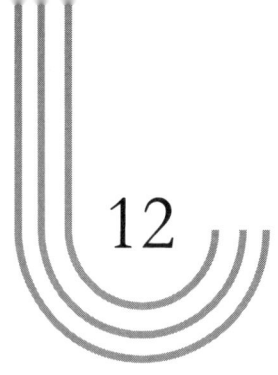

초기창업패키지 지원사업 사업계획서 작성하기

초기창업패키지 지원사업 작성법의 큰 맥락은 이미 사업을 활발하게 하고 있어야 하며 매출액도 어느 정도 나와야 되고 최소한의 기업기반이 구축된 상태여야 지원할 때 많이 유리합니다.

구체적으로, '기업부설연구소', '벤처기업인증', '매출액 2~3억 수준', '직원수 4~5명 이상', '특허 2~3종 보유' 그리고 '외부 투자성공'까지 하면 좋습니다.

본 사업의 예비창업패키지, 재창업패키지와의 최대 차이점은 이미 사업을 활발하게 하고 있어야 해서, 본 지원사업을 통해서 사업이 확장되고 신규고용을 활발하게 해야 하는 것입니다.

2020년 초기창업패키지(2차) 사업계획서

※ 본문(1. 문제인식~4. 기업구성) 7page 내외로 작성 권장(증빙서류 등은 제한 없음), '파란색 안내 문구'는 삭제하고 검정색 글씨로 작성하여 제출, 양식의 목차, 표는 변경 또는 삭제 불가(행추가는 가능, 해당사항이 없는 경우 공란으로 유지)하며, 필요시 사진(이미지) 또는 표 추가 가능

☐ 일반현황(※ 온라인 신청서와 동일하게 작성(불일치 시 시스템 기준으로 평가 및 협약진행 예정))
※ 개인사업자는 '개업연월일', 법인사업자는 '회사성립연월일'을 기재

제품(서비스)명		해당 제품(서비스)을 잘 나타낼 수 있도록 작성 (예시: ○○○를 활용한 ○○○ 플랫폼)				
대표자(신청자) 성명		○○○	생년월일	1900.00.00	성별	남 / 여
기업명		○○○○				
사업자 구분 (해당 시 체크)		☐ 개인사업자	☐ 법인사업자		공동·각자대표 (☐ 개인 /☐ 법인)	
		사업자번호	사업자번호 (법인등록번호)		사업자번호 (법인등록번호)	
개업연월일 (회사성립연월일)		2000.00.00	사업장 소재지 (본사(점))	○○도 ○○시		
사업비 구성 계획 (백만 원)	정부지원금	○○백만 원(총 사업비의 70% 이하)				
	대응 자금 현금	○○백만 원(총 사업비의 10% 이상)				
	대응 자금 현물	○○백만 원(총 사업비의 20% 이하)				
	합계	○○백만 원				
인력 구성(대표자(신청자) 제외, 공동대표 및 각자대표 포함)						
순번	직급	성명	담당업무	주요경력		구분
1	공동대표	○○○	S/W 개발 총괄	컴퓨터공학과 교수		공동대표
2	대리	○○○	해외 영업	미국 ○○대 경영학 전공		직원
3	...	...				
...						
가점 해당 여부(해당항목 체크)						
① 성과공유기업 확인기업(성과공유도입기업) * 성과공유기업 확인서상의 미래성과공유기업은 가점 대상 제외				여 ☐	부	☐
② 감염병 예방·진단·치료 관련 제품·서비스를 과제로 신청한 창업기업				여 ☐	부	☐
③ 고용·산업위기지역 소재 창업기업(본사(점) 소재지 기준) * 전북 군산시, 울산 동구, 경남 창원시 진해구, 경남 고성군, 거제시, 통영시, 전남 영암군, 목포시, 해남군				여 ☐	부	☐
④ 비대면 분야 아이템으로 신청한 창업기업				여 ☐	부	☐

7페이지 내외로 작성합니다. 구체적으로 20장이 넘어가면 평가위원 입장에서 읽기 쉽지 않습니다. 제가 권장해 드리는 페이지 수는 12~13 페이지입니다.

□ 제품·서비스 개요(요약)

제품(서비스) 소개	- ※ 핵심기능, 소비자층, 사용처 등 주요 내용을 중심으로 간략히 기재하며, 제품(서비스)의 핵심 기술, 서비스에 대하여 기재	
제품(서비스)의 차별성	- ※ 제품(서비스)의 차별성, 현재 개발단계를 포함하여 기재 예) 시제품 제작 중, 프로토타입 개발 완료 등	
국내외 목표시장	- ※ 국내외 목표시장, 판매 전략 등을 간략히 기재	
이미지	※ 제품(서비스)의 특징을 나타낼 수 있는 참고사진(이미지) 또는 설계도 삽입	※ 제품(서비스)의 특징을 나타낼 수 있는 참고사진(이미지) 또는 설계도 삽입
	〈사진(이미지) 또는 설계도 제목〉	〈사진(이미지) 또는 설계도 제목〉
	※ 제품(서비스)의 특징을 나타낼 수 있는 참고사진(이미지) 또는 설계도 삽입	※ 제품(서비스)의 특징을 나타낼 수 있는 참고사진(이미지) 또는 설계도 삽입
	〈사진(이미지) 또는 설계도 제목〉	〈사진(이미지) 또는 설계도 제목〉

제품 서비스 개요 작성요령은 '7. 공통 - 창업아이템 개요 작성하기'를 참조하십시오. '개요'는 매우 중요합니다. 모든 항목에 '개조식, 도표, 시각화' 중심으로 본문내용을 효과적으로 요약해야 합니다.

□ 비대면 창업아이템 개요(가점항목 해당 시 작성)

※ 가점 항목 중 '비대면 분야 아이템으로 신청한 창업기업'에 해당하는 창업기업의 경우 필수적으로 기술하여야 하며, 해당하지 않는 경우 삭제 가능

《(참고) 주요 비대면 8대 분야》

대분야	세부분야
① 의료	① 체외진단 의료기기(진단키트, 디지털 헬스 등) ② 방역물품, ③ 치료제
② 교육	④ 온라인 교육 콘텐츠, ⑤ 온라인 교육 시스템
③ 소비·물류	⑥ 신선식품 온라인 판매, ⑦ 스마트 계약·결제, ⑧ 생활·스마트물류 ⑨ 온라인쇼핑, 생활중개(돌봄서비스)
④ 액티비티	⑩ 홈 트레이닝, ⑪ 엔터테인먼트, ⑫ 실내 생활서비스
⑤ 오피스	⑬ 화상회의/원격근무, ⑭ 온라인 고객 응대
⑥ 지역 콘텐츠	⑮ 온라인 융합형 지역 콘텐츠 제공
⑦ 기반기술	⑯ 데이터분석(AI, 빅데이터, 지능형 반도체, 로봇), ⑰ 통신(5G, 클라우드, IoT), ⑱ 체험기술(AR·VR·홀로그램·체험 기자재), ⑲ 보안기술(보안 솔루션, 블록체인)
⑧ 유레카	⑳ 새로운 비대면 기술·제품·서비스 모델

* 비대면 창업아이템 기준: 사람과 사람이 직접적으로 대면하지 않거나, 대면을 최소화할 수 있는 서비스나 제품(업종 무관), 비대면 서비스/제품 여부를 심의 예정

비대면 대분야 (택1)	의료	교육	소비· 물류	액티 비티	오피스	지역 콘텐츠	기반 기술	유레카
창업아이템의 비대면 관련 핵심 기술 또는 서비스 등	- ※ 비대면 분야에 해당된다고 판단하는 사유와 창업아이템의 비대면 관련 핵심 기술 또는 서비스에 대하여 기재							
대면분야와의 차별성	- ※ 창업아이템의 대면분야와의 차별성 및 비대면 아이템을 통한 예상되는 효과 등에 대하여 기재							

코로나19로 인해서 갑자기 강조되고 있는 비대면 분야입니다. 이 비대면 분야는 굳이 코로나19가 아니더라도 앞으로 더 성장할 사업방향

이고 해외로 직접 비대면 서비스를 제공하는 날도 멀지 않았습니다. 주의 깊게 봐야 할 것이 '가점항목 해당 시'입니다. 반대로 생각하면 가점항목에 해당되지 않으면 불리할 것입니다.

본문으로 들어와서 본문내용은 다른 패키지 작성방법과 거의 유사합니다. 다만 사용하는 단어가 다르고 좀 더 세련된 자료를 요구합니다. 당연하게도 이유는 '초기 창업자'이기 때문입니다.

---

1. 문제인식(Problem)

1-1. 창업아이템의 개발동기
※ 국내·외 시장(사회·경제·기술)의 문제점을 혁신적으로 해결하기 위한 방안 등을 기재
-

1-2. 창업아이템의 목적(필요성)
※ 창업아이템의 구현하고자 하는 목적, 국내·외 시장(사회·경제·기술)의 문제점을 혁신적으로 해결하기 위한 방안 등을 기재
-

가장 중요한 '1. 문제인식'입니다. 창업아이템의 개발동기를 작성하는데, 창업아이템의 개발동기를 작성하는 것이 아니고 현재 우리 아이템을 설명하고 이 아이템을 왜 개발하고 판매하는지에 대해 설명하는 것입니다. 그리고 설명의 방향성은 '내가 사업을 해보니까 소비자의 방향성은 이렇더라' 즉 '소비자가 원해서'입니다.

1. 문제인식(Problem)

1-1. 창업아이템의 개발동기

> 현재 개발 완료해서 판매하고 있는 제품의 이미지 삽입

제품개요: 초 극 자외선을 활용한 실내 5m² 공간 스마트 살균시스템

- 각종 바이러스 와 코로나 살균, 멸균
  - 개인가정 위생 및 세균으로부터 안전을 위해 정기적인 멸균 소독이 필요
  - 특히 숙박시설의 경우 대중시설로서 살균 및 멸균을 통해 사용자 간 사람 간 바이러스 전파 방지

- 가장 안전하고, 검증된 그리고 편리한 살균 멸균 방법은 초 극 자외선
  - 자외선 멸균방법은 50년 이상 사용된 검증된 멸균방법
  - 5m² 공간 기준 15분 완전 멸균 가능(KTL 시험 성적서 및 KS 획득)

시설	NEEDS
일반가정	- 일반가정에서의 퇴근 후 혹시 모를 오염균 멸균 - 일반가정에서의 NEEDS 2 - 일반가정에서의 NEEDS 3
숙박시설	- 숙박시설에서의 직전 사용자 오염균 멸균 - 숙박시설에서의 방역시설 소요인력 비용 절감 - 숙박시설에서의 NEEDS 3
다양한 집합시설	- 사무실에서의 NEEDS 1 - 식당에서의 NEEDS 2 - 사업장에서의 NEEDS 3

현재 우리가 만들고 판매하는 제품의 실제 이미지를 보여 주고 소비자의 NEEDS를 서술식, 개조식으로 표현함으로써 우리 제품의 우수성에 대해서 강조를 합니다. 다음은 비대면 분야 서비스 예시입니다.

1. 문제인식(Problem)

1-1. 창업아이템의 개발동기

```
현재 개발 완료한 게임 화면
```

제품개요: 자이로 센서가 들어간 스마트 기기를 활용한 실내 액티비티 온라인 게임

- 웨어러블 센서와 스마트 게임
  - 자이로 센서, GPS 센서 등을 활용한 액티비티 스마트 게임
  - 실내용, 실외용 모드 전환을 통한 다양한 환경 옵션
  - 게임상 미션을 수행하며 목표달성을 위하여 친구들과 경쟁

- 스마트 기기를 활용한 간단한 게임 준비
  - 자이로 센서, GPS, 심박수 센서만 활용하여 웨어러블 기기부담 최소화
  - 신체 활동을 적극적으로 하기 위한 각종 온라인 미션 제공

조건	사용 예시
실내	- 팔벌려 뛰기를 통한 심박수 증가에 따라 캐릭터 파워게이지 형성 - 자이로 센서 위치인식 기능 활용 복싱운동 효과 - 필수 이격거리 활용을 통한 실내 최대거리 왕복 운동
실외	- 자이로 센서 활용 최대높이 센서 던지기를 통한 미션수행 - 특정 높이 이상 빠른 이동(계단오르기 등)을 통한 미션수행 - GPS활용 특정위치 도착 시 미션수행
다양한 미션	- 개인별 미션, 팀별 미션을 통한 게임 미션 해결 - 실제 신체운동 진행률에 따른 캐릭터를 통한 보상 - 친구들과 함께 / 경쟁하며 미션 수행

현재까지 개발한 게임화면을 소개하고, 게임을 하는 방법을 소개함으로써 평가위원이 어떤 게임이라는 것을 자연스럽게 상상하게 만드는 방법입니다. 게임 사업이 아니더라도 서비스 지원사업의 경우, 어떤 서비

스를 제공할 것인가를 기구축한 화면 또는 사업을 설명할 수 있는 이미지로 먼저 표현하고 글로써 설명합니다. 이후 바로 서비스에 대한 세부적인 사항들을 설명함으로써, 평가위원이 어떤 서비스를 어떤 방식으로 제공한다는 것을 상상하게 해야 합니다.

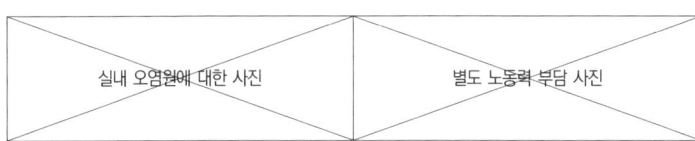

창업아이템의 당위성을 설명하기 위해서, 실내 오염원 유입 사례를 시각화하여 설명을 하고 노동력 증가에 따른 비용부담이 '문제가 된다'라는 인식을 심어 주기 위해서 시각화 즉 이미지로 설명했습니다. 그리고 아래의 내용은 사진 이미지를 개조식으로 설명하였습니다. 소독제 시장 증가 그래프는 '나의 이런 주장이 제품개발 의미도 있지만, 시장 즉 사업성도 제법 있다'라는 것을 설명하기 위해서 그림을 추가했습니다.

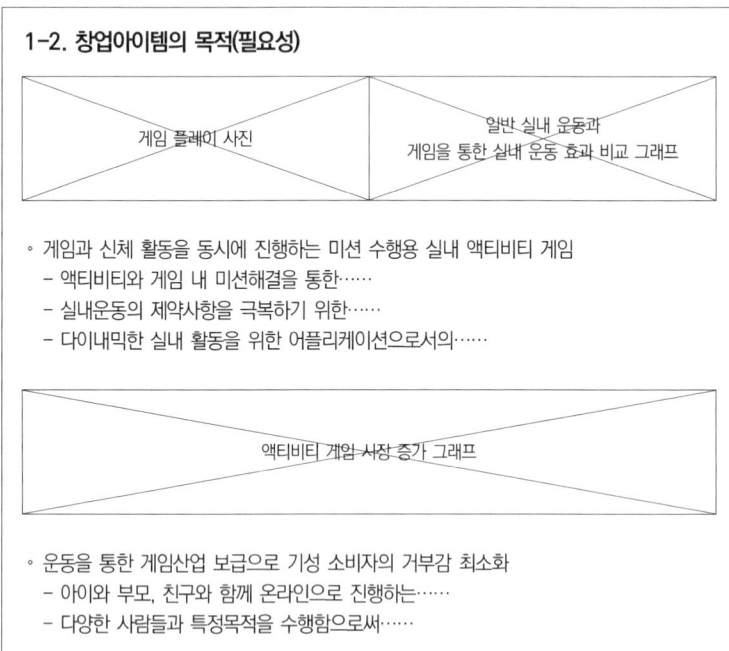

게임 플레이 사진을 보여 주고, 운동능력을 실내와 실외 비교하는 그래프를 넣어 줌으로써 실내에서 운동을 해도 충분한 효과가 있다는 것을 인지시켜 주었습니다. 더불어 게임에 대한 부정적인 또는 게임산업에 대한 이해도가 낮은 평가위원들을 위해서 시장규모를 보여 주고 긍정적인 것을 개조식으로 간단하게 설명해 주었습니다.

요약하기 이후 가장 중요한 '1. 문제인식' 작성예시를 보았습니다. 평가위원들은 요약하기를 보고 어느 정도 어떤 과제인지를 확인하고 이제 '1. 문제인식'에서 논리적으로 설명을 했는가 안 했는가를 판단하게 됩니다. 초기창업 패키지 지원사업은 다른 패키지 지원사업과의 차이점은 이미 사업을 하고 있기에 문맥상 서술식 표현보다는 개조식 표현이 더 많이 들어갈 것을 권장해 드리며 동시에 시각화가 매우 중요합니다.

'개조식 설명' + '시각화' 또는 '시각화' + '개조식 설명'

이런 방식으로 짧고 간결하지만 많은 것을 포함해야 합니다. 그렇기 때문에 시각화가 매우 중요합니다. 예비창업패키지와 재창업패키지는 약간의 스토리텔링이 들어가야 읽기가 쉬우며 초기창업패키지와 창업도약패키지는 개조식으로 사업에 대한 당위성만 보여 주고 주로 실적 중심으로 설명해야 합니다. 구체적으로 다음 예시를 보겠습니다.

종류	본문
스토리텔링이 있는 사업계획서	코로나19로 인한 실내오염 문제해결에 대한 소비자의 NEEDS가 증가함에 따라, 살균, 멸균에 가장 효과적인 UV를 활용하여 가성비 최고의 효율적인 소독 방법의 개발이 필요합니다.
개조식 수치화 사업계획서	UV 100ms 파장 15분 노출 시 코로나19를 포함한 바이러스 99% 사멸

두 가지 다 같은 설명입니다. 어떤 것이 더 마음에 드시나요? 서술식 개조식 전부 선호하시는 스타일이 있을 것입니다. 그래서 저는 서술식

과 개조식 둘 다 사용합니다. 하지만 초기창업패키지 지원사업의 경우 개조식 + 수치화를 더 선호합니다. 이유는 단순합니다. 제가 초기창업패키지 지원사업의 과제 평가위원으로 들어가면 사업계획서를 평가하는 기준은 단순합니다. 1. 뭐 만드는데?(어떤 서비스인데) 2. 기능은 뭔데? 3. 매출액 얼만데? 4. 영업력 있나? 저의 경우 위 네 가지 말고는 다른 요소들은 잘 고려하지 않습니다. 만약 우리가 매출액이 작다면 또는 영업력이 부족하다면 우리의 제품, 서비스에 대해서 최대한 기능적으로 설명해야 합니다. 그리고 이런 기능적 설명은 평가위원이 '아~~~ 필요하겠군'이라는 공감을 만들어야 하는데 창업 후 3년 미만의 기업이 달성한 것이 없이 개발만 하였다면 특히 기능적으로 구현된 것이 거의 없다면 '지금까지 뭐 했나? 또 정부지원금 받아가나?'라는 생각을 합니다. 그러니 최대한 개조식과 도표 등을 활용한 시각화가 매우 중요합니다. 개발을 위한 개발을 하신다면 선행연구 개발의 긍정적인 결과물을 표현해야 합니다.

이제 어떤 제품, 어떤 서비스를 제공하는지 설명을 했다면 구체적인 방법에 대해서 설명해야 합니다.

2. 실현가능성(Solution)

2-1. 제품·서비스의 개발 방안

※ 제품(서비스) 구현정도, 제작 소요기간 및 제작방법(자체, 외주), 추진일정 등 사업 전체 로드맵 및 초기창업패키지 협약 기간 내 사업 계획(목표 및 달성 방안)을 기재

2-1-1. 제품·서비스의 개발 방안(사업 전체 로드맵)

◦

-

〈사업 추진일정〉

추진내용	추진기간	세부내용
제품보완, 신제품 출시	2020.0.0.~2020.0.0.	○○ 기능 보완, 신제품 출시
홈페이지 제작	2020.0.0.~2020.0.0.	홍보용 홈페이지 제작
글로벌 진출	2020.0.0.~2020.0.0.	베트남 ○○업체 계약체결
…		

2-1-2. 초기창업패키지 사업(협약) 기간 내 목표 및 달성 방안

◦

-

〈사업 추진일정〉

추진내용	추진기간	세부내용
제품보완, 신제품 출시	2020.0.0.~2020.0.0.	○○ 기능 보완, 신제품 출시
홈페이지 제작	2020.0.0.~2020.0.0.	홍보용 홈페이지 제작
글로벌 진출	2020.0.0.~2020.0.0.	베트남 ○○업체 계약체결
…		

2-2. 고객 요구사항에 대한 대응방안

※ 기능·효용·성분·디자인 등의 측면에서 현재 시장에서의 대체재(경쟁사) 대비 우위요소, 차별화 전략 등을 기재。

◦

-

2. 실현가능성(Solution)

2-1. 제품·서비스의 개발 방안

제품 고도화를 위한 디자인, 성능 개선 및 소비자 반응 조사, 판촉기획

| 현재 개발한 제품이미지 | 성능 개전 전후 사양 비교 | 진행 예정 홍보, 판촉방법 이미지 |

* 본 지원사업을 통해 다음과 같은 과업을 목표로 하고 있습니다.

과업	AS-IS	TO-BE
제품 디자인 고도화	현재 제품 이미지	예상되는 고도화 제품 이미지
제품 성능 고도화	현재 제품 성능 사양 수치로 표현	고도화 제품 성능 사양 수치로 표현
제품 판매를 위한 판촉	입소문에 의한 홍보	온, 오프라인 판촉행사 진행

2-1-1. 제품·서비스의 개발 방안(사업 전체 로드맵)

◦ 단계별 개발 목표

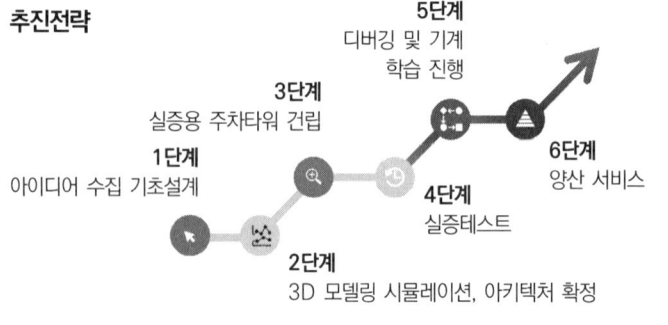

추진전략

- 1단계: 아이디어 수집 기초설계
- 2단계: 3D 모델링 시뮬레이션, 아키텍처 확정
- 3단계: 실증용 주차타워 건립
- 4단계: 실증테스트
- 5단계: 디버깅 및 기계 학습 진행
- 6단계: 양산 서비스

◦ 단계별 세부 사항

단계	단계별 목표
1단계	고객 요구사항을 반영한 아이디어 수집 및 아이디어 군집 10건 이상
2단계	3D 모델링을 이용한 시뮬레이션 진행 및 설계진행
3단계	3종 이상의 테스트 제품제작 및 테스트 진행
4단계	○○○○명 이상의 실증 테스트 진행
5단계	………
6단계	………

예상되는 최종단계 제품 모델링 이미지

〈사업 추진일정〉

차수	세부 개발내용		수행기관	기술개발기간(단위: 개월)												비고
				1	2	3	4	5	6	7	8	9	10	11	12	
1차연도	설계	목업제작	주관													
	작품 제작	디자인 검토 및 리뷰	주관													
	시작품 테스트 및 프로모션 준비	제품 테스트 진행	주관													
		실증테스트	주관													
		프로모션 기획	주관													
		………	주관													
		………	주관													
	제품 출시	………	주관													

2. 실현가능성(Solution)

2-1. 제품·서비스의 개발 방안

웨어러블 디바이스 제작 및 실행 프로그램 개발

| 웨어러블 디바이스 제작 | 실행 프로그램 제작 | 판촉 및 프로모션 |

* 본 지원사업을 통해 다음과 같은 과업을 목표로 하고 있습니다.

과업	과업목표
웨어러블 디바이스 제작	2종 이상 웨어러블 디바이스 설계 및 제작
실행 프로그램 제작	2종 웨어러블 디바이스 와 스마트 게임 연동 프로그램 제작
판촉 및 프로모션	서비스 판매를 위한 판촉 및 프로모션 진행

2-1-1. 제품·서비스의 개발 방안(사업 전체 로드맵)

웨어러블 디바이스를 중심으로 제품·서비스 개발 방법

단계	개발 목표
제품 디자인	디자인 검토 및 디자인 3D 모델링 진행
디자인 검토 및 보완	4종 이상 워킹 목업 제작 및 검토, 금형 제작
프로그램 제작	프로그램 제작 4건 이상
프로그램 디버깅 및 보완	프로그램 과 스마트폰 간의 디버깅,
제품 실증 테스트	제품 프로모션과 동시 실증 테스트(베타 테스트)
제품 출시	제품 출시

〈사업 추진일정〉

차수	세부 개발내용		수행기관	기술개발기간(단위: 개월)												비고
				1	2	3	4	5	6	7	8	9	10	11	12	
1차연도	제품 설계 제작, 프로 그래밍	제품 디자인	주관	■												
		디자인 검토 및 보완	주관	■	■											
		프로그램 제작	주관			■	■	■	■							
		프로그램 디버깅 및 보완	주관						■	■	■					
		제품 실증 테스트	주관			■						■				
		제품 출시	주관										■	■	■	

두 종류의 사업계획서 모두 직관적인 이미지를 위해서 별도의 설명 없이 바로 '무엇을 하겠다'를 표현하였고 동시에 평가위원들이 하는 '그럼 뭐가 좋아지는데?'라는 질문에 설명하기 위해 Before/After로 설명하였습니다. 그리고 'Before/After'보다는 'AS-IS/TO-BE'를 권장해 드립니다.

두 번째 과제의 경우 현재 웨어러블 디바이스가 없는 상태여서 개발이 필요한 상황입니다. 웨어러블 디바이스를 제작하기 위한 절차에 대해서 진행과정을 이야기했으며, 앞선 계획서와 뒤의 계획서 중 굳이 비교한다면 후자 쪽이 사업계획서가 좀 더 보완이 필요합니다. 보완이 필요한 이유는 현재 웨어러블 디바이스에 대한 구체적인 디자인이 없기 때문입니다. 그렇다면 어딘가에는 현재 기획하고 있는 웨어러블 디바이스의 디자인을 보여 줘야 합니다. 3D 모델링이 없다면 즉시 모델링을 만드셔야 합니다. 수준 높은 모델링이 아니라 단순 이미지 수준이라도 평가위원을 시각적으로 자극할 수 있는 모델링이 필요합니다.

2-1-2. 초기창업패키지 사업(협약) 기간 내 목표 및 달성 방안

∘ 주요 핵심 추진내용

핵심 추진 사항	핵심 목표
아이디어 수집 및 설계	제품 완성도를 높이기 위한 내부 외부 아이디어 수집
3D 목업 제작, MVP 제작	3종 이상 3D 모델링 및 목업제작을 통한 제품 완성도 확인
제품 테스트 진행	내부 테스트 진행 및 보완, 외부 클로즈 베타 테스트 진행
실증테스트	그룹 인터뷰 및 종사자 초대 테스트 진행
프로모션 기획	초기 시장 진입 이벤트 기획
………	………
………	………
………	………

〈사업 추진일정〉

추진내용	추진기간	세부내용
아이디어 수집 및 설계	2020.0.0.~2020.0.0.	내부 검토 진행중
3D 목업 제작, MVP 제작	2020.0.0.~2020.0.0.	협력사 ○○○ 견적 완료
제품 테스트 진행	2020.0.0.~2020.0.0.	내부 테스트를 위한 지표 설정
실증테스트		
프로모션 기획		
………		
………		

2-2. 고객 요구사항에 대한 대응방안

◦ 고객 요구사항 반영내역

요구사항	요구사항 분석	반영내역
간편한 사용	사용 시 어려움이 있을 경우 별도인력이 필요함	원터치 15분 실행
소독성능	살균기능이 낮을 경우 사용하지 못함	식약처 성능검사
안전인증	인체에 무해한 영향	KS 인증 획득
………		
………		

◦ 고객 요구사항 반영내역

요구사항	요구사항 분석	반영내역
간편한 사용	사용 시 어려움이 있을 경우 별도인력이 필요함	원터치 15분 실행
소독성능	살균기능이 낮을 경우 사용하지 못함	식약처 성능검사
안전인증	인체에 무해한 영향	KS 인증 획득
………		
………		

◦ 경쟁사와의 차별성

기능	UV 라이트닝경쟁사	자사 특징
사용의 편의성	………	사용버튼 2개 미만 구현
살균 능력	………	5m2 99% 이상 살균 멸균
가격	………	○○○○만 원~ ○○○○만 원
시장 점유율	………	25% 이상
………	………	………

경쟁사 제품 이미지	자사 제품 이미지
UV 라이트닝 사	자사 모델링

2-1-2. 초기창업패키지 사업(협약) 기간 내 목표 및 달성 방안
◦ 주요 핵심 추진내용

핵심 추진 사항	핵심 목표	달성 수준
웨어러블 디바이스 제품디자인	설계, 3D 모델링, 세부디자인 수정	85%
제품 제작 및 검토	양산성 검토 금형 설계검토	75%
제품 시장조사 및 테스트	제품 사양확정 및 시장반응 검토	65%
제품 생산	직접 생산 또는 위탁생산 검토	0%
제품 운영 프로그램 개발	………	0%
홍보를 위한 프로모션진행	………	0%
………	………	0%
………	………	0%

〈사업 추진일정〉

추진내용	추진기간	세부내용
웨어러블 디바이스 제품디자인	2020.0.0.~2020.0.0.	내부 검토 진행중 3종 이상 개발 완료
제품 제작 및 검토	2020.0.0.~2020.0.0.	BOM 작성 협력사 ○○○ 견적 완료
제품 시장조사 및 테스트	2020.0.0.~2020.0.0.	내부 테스트를 위한 지표 설정
제품 생산	2020.0.0.~2020.0.0.	월 ○○○대 이상 생산 목표
제품 운영 프로그램 개발	2020.0.0.~2020.0.0.	프로그램 개발 2건 이상
홍보를 위한 프로모션진행	2020.0.0.~2020.0.0.	
………	2020.0.0.~2020.0.0.	
………	2020.0.0.~2020.0.0.	

2-2. 고객 요구사항에 대한 대응방안
◦ 고객 요구사항 반영내역

요구사항	요구사항 분석	반영내역
센서 인식 정확성	우수한 센서 인식으로 사용자의 현재 상태 명확한 측정	3종 센서 및 디버깅 프로그래밍
다양한 프로그램	재미가 보장된 프로그램	사용자 선호 액티비티 중심 개발
액티비티 활용 가능성	다양한 실내 활동 대응가능	실내 뛰기, 걷기, 점프하기 등 적용
………	………	………
………	………	………

- 경쟁사와의 차별성

기능	○○○○	자사 특징
사용의 편의성	웨어러블 디바이스 제공 안 함	웨어러블 디바이스 선택적 제공
액티비티	액티비티 활동 제안 및 가이드	액티비티 활동 수준 측정 및 검토
다양한 기능	………	………
………	……	………
………	………	………

경쟁사 제품 이미지	자사 제품 이미지
○○○○	자사 게임

다음으로 작성해야 할 것이 '기간 내 목표달성방안'입니다. 우리는 당연하게도 과제 기간 안에 목표를 달성할 것입니다. 당연하게도 이런 내용을 작성해야 하는데 작성내용의 중심 키워드는 '우리가 진행해야 하는 주된 과업'이어야 하며 필요에 따라서 달성 정도를 보여 주는 것도 좋습니다. 달성 정도를 표현을 할 때 두 번째 예시처럼 1번 과업은 80%를 달성해서 1번 과업이 100%가 되어야 다른 과업으로 넘어가는 형태로 보여 줘도 되지만 우리의 핵심과업은 1번 과업과 상관없이 진행되는 것도 있습니다. 즉 1번과 동시 진행 가능한 과업이 존재하기에 1번 과업이 100% 달성이 안 되었더라도 다른 과업이 30%, 40% 달성을 할 수도 있는 것입니다.

중요한 부분은 현재 달성수준을 보여 줌으로써, 평가위원 입장에서 어떤 어떤 과업이 아직 진행이 덜 되었으므로 이 과업을 완료하는 것이 사업 목적이겠구나 라는 이미지를 심어 주는 것입니다. 그리고 이러한 이미지는 앞서서 강조한 부분들의 반복에 해당되는 것입니다. 그럼 사업아이템에 대해서 설명을 하고 이것을 왜 해야 하는지를 설명하면서 현재 수준에서 어느 정도 준비가 된 것인지를 설명하고 나면 우리가 작성하려던 사업계획서의 80% 이상은 작성된 것이라 생각해도 좋습니다. 다음에 작성해야 하는 3. 성장전략, 4. 기업구성은 담백하게 작성하시면 됩니다. '3. 성장전략' 작성의 세부적인 부분을 확인하시려면 앞선 '재도전 창업패키지 지원사업 작성법'을 참조하여 작성하십시오. '4. 기업구성' 역시 '재도전 창업패키지' 작성법을 참조하시어 작성하시는데 하나만 다릅니다.

◦ 추가 인력 고용계획

순번	주요 담당업무	요구되는 경력 및 학력 등	채용시기
1	S/W 개발	IT분야 전공 학사 이상	'20. 5
2	해외 영업(베트남, 인도네시아)	글로벌 업무를 위해 영어회화가 능통한 자	
3	R&D	기계분야 전공 석사 이상	

재도전 창업패키지 부분에서는 다소 약하게 두리뭉실하게 작성을 하셔도 되는데 초기창업패키지에서는 매우 구체적으로 작성해야 합니다. 여기서 중요한 것은 '의무고용'이 아니므로 매우 구체적으로 작성을 해도 반드시 고용할 필요는 없습니다. 그러니 1명 고용예정이 아니라 2~3명 고용하시는 것으로 작성을 하시는 것을 권장해 드립니다. 본 내용은 예제

없이 바로 마지막 작성하실 부분이 '4-2. 사회적 가치 실천계획'입니다.

사회적 가치 실천계획은 기본 작성가이드를 중심으로 해당되시는 것을 작성하시면 되는데

4-2. 사회적 가치 실천계획

※ 양질의 일자리 창출을 위한 중소기업 성과공유제, 비정규직의 정규직화, 근로시간 단축 등 사회적 가치 실천계획을 기재

* **중소기업 성과공유제 개요:** 중소기업 근로자의 임금 또는 복지 수준 향상을 위해 사업주가 근로자 간에 성과를 공유하는 제도(중소기업 인력지원 특별법 제27조의 2)

구분		내용
현금	경영성과급	기업 차원에서 이익 또는 이윤 등의 경영성과가 발생했을 때 해당 성과를 회사 종업원들과 공유하는 경영활동
	직무발명보상	종업원, 법인의 임원 또는 공무원이 개발한 직무발명을 기업이 승계 소유하도록 하고, 종업원 등에서 직무발명의 대가에 상응하는 정당한 보상을 해주는 제도
주식	우리사주	'우리 회사 주식 소유제도'의 줄임말로, 근로자가 자신이 근무하는 회사의 주식을 취득 보유할 수 있도록 하는 제도
	주식매수선택권 (스톡옵션)	회사가 정관으로 정하는 바에 따라 임직원 등에게 미리 정해진 가격으로 신주를 인수하거나 회사의 주식을 매수할 수 있는 권리를 부여하는 것
공제 및 기금	내일채움공제	5년 이상 장기재직한 핵심인력에게 중소기업과 핵심인력의 공동적립금과 복리이자를 성과보상금 형태로 지급하는 제도
	과학기술인공제회	과학기술인에 대한 생활안정과 복리를 도모하기 위해서 설립된 공제기구
	사내근로복지기금	근로자의 복지를 위해 기업이 이익금을 출연해 조성한 기금
일·생활 균형 제도	일·생활균형캠페인 참여 기업	기업의 일하는 방식과 문화를 개선하고자 고용노동부에서 시행하는 '일·생활균형캠페인' 참여기업(고용노동부 승인)

* 출처: 중소기업 성과공유제 활성화 방안, 중소기업연구원, 2016
* 대중소기업 상생협력 촉진에 관한 법률 제8조(상생협력 성과의 공평한 배분)의 성과공유제와는 다른 제도임.

〈중소기업 성과공유제 도입현황 및 계획〉

제도명	도입 여부	주요내용	실적*
내일채움공제	완료('17.10)	정관 취업규칙 등 내부 규정과 주요 내용을 발췌하여 기재	근로자 2인 적용
스톡옵션	완료('18.06)	'17.6월 제도도입 이후 기업 주주총회를 통해 스톡옵션 부여	총 ○명, ○○○주 (○○○○원) 행사
사내근로복지기금	예정('18.06)	기금조성 및 기금법인 설립, 운용규정 마련	○○백만 원
...			

    항목 중 현금, 주식 부분은 '하겠다'가 아니라 '정관에 등록됨'을 보여 줘야 합니다. 그래서 제가 권장해 드리는 것은 내일채움공제와 '과학기술인공제회' 가입입니다. 그렇게 큰 비용이 들어가지 않고 실제로 직원들의 사기도 올라갑니다. 그러니 정관에 등록하시는 것보다는 대표님 입장에서 부담감이 덜하실 수도 있다 판단되어 저는 권장해 드리고 있습니다.

13

사업공고를 기준으로 준비하는 창업도약패키지 지원사업

사업공고를 기준으로 준비하는 창업도약패키지 지원사업

　창업도약패키지 지원사업은 창업 후 3년 이상 기업을 중심으로 신제품개발 및 판촉 지원을 해주는 프로그램입니다. 창업도약패키지 지원사업은 타 지원사업에 비해서 상대적으로 지원하는 기업들이 적습니다. 하지만, 초기창업패키지 준비 수준보다는 더 높은 수준의 기술 및 축적정도 그리고 사업화 달성수준 및 계획에 대해서 매우 꼼꼼하게 봅니다.

중소벤처기업부 공고 제2020 - 153호

「2020년 창업도약패키지 지원사업」 사업화지원 창업기업 모집 수정 공고

창업도약기(3~7년) 기업의 '혁신성장' 및 '스케일업'을 지원하기 위한 『창업도약패키지 지원사업』 '사업화지원' 창업기업 모집계획을 다음과 같이 수정 공고합니다.

2020년 3월 3일
중소벤처기업부 장관

1. 사업 개요

□ 사업목적: 창업도약기(3~7년) 기업의 혁신성장 및 스케일업 등 성과 창출을 위한 사업화 지원

□ 지원대상: 창업 3년 이상 7년 이내 기업

□ 지원규모: 총 540개사 내외(①스케일업 390개사 내외, ②혁신성장 150개사 내외)

◦ (모집구분) 신청 시 지원분야는 선택하지 않으며, R&D 연계는 혁신성장 플랫폼 선정기업 중 별도 접수를 통한 추천 예정

분야		자격요건	지원한도
① 스케일업 플랫폼		데스밸리를 극복하고 고성장기업으로 성장하고자 하는 3~7년차 기업	최대 2억 원 (평균 1억 원)
② 혁신성장 플랫폼		혁신성장이 가능한 3~7년차 고성장기업* *〈붙임 1〉 세부자격요건 확인	최대 3억 원 (평균 1.7억 원)
	R&D 연계	※ 중소기업기술정보진흥원 전략형 창업과제 자격요건 해당기업 대상 선정 후 연계 추천	최대 4억 원

* 세부 지원분야는 최종선정 시 확정되며, '혁신성장 플랫폼' 자격 요건 관련 증빙자료는 1단계 서류평가 통과 시 주관기관 별도 안내에 따라 제출
** 초기창업패키지 등 초기단계 사업 수혜 완료 기업 중 신청 가능 자격요건 〈붙임 2〉 참고

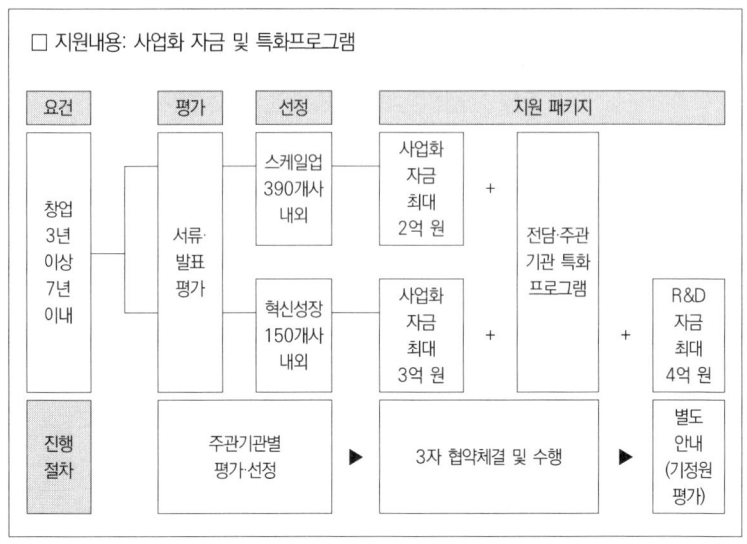

가장 중요하게 봐야 할 것은 당연하게도 3년에서 7년에 해당되는지를 확인하셔야 하며 두 번째로 '① 스케일업 플랫폼'에 해당되는지 아니면 '② 혁신성장 플랫폼'에 해당되는지를 확인하셔야 합니다. 두 개의 차이점은 창업 후 사업을 얼마나 더 적극적으로 운영을 했느냐에 따라 과제에 선정되더라도 차등지급 하겠다는 것입니다. 당연하게도 지원규모가 조금 다릅니다. 그리고 'R&D 연계' 부분은 '중소기업기술정보진흥원'에서 진행하는 전략형 창업과제를 신청하게 될 때 일반 모집 과정이 아닌 별도의 모집과정을 통해서 진행하는 것입니다. 그러니 아무래도 경쟁률이 일반과정보다 낮습니다. 다음 모집공고를 보시면

중소벤처기업부 공고 제2020-390호

2020년도 창업성장기술개발사업 '전략형 창업과제' 제2차 시행계획 수정 공고
(4IR / 소재·부품·장비)

「2020년도 창업성장기술개발사업」중 '전략형 창업과제' 시행계획을 다음과 같이 수정 공고하오니, 동 사업에 참여하고자 하는 중소기업은 사업 안내에 따라 신청하시기 바랍니다.

2020년 7월 10일
중소벤처기업부장관

1. 사업 개요

□ **사업목적:** 4IR, 소재·부품·장비 혁신역량이 우수한 기술창업기업에 대한 전략적 지원(IP전략 등 패키지 지원)을 통해 고급기술 창업 확대

□ **지원규모**(2차): 204억 원, 215개 과제 내외

〈연간 지원규모 및 일정〉

구 분		차수	1차	2차	계
내역사업	세부과제	신청·접수	2월	7월	-
전략형 창업과제 (품목지정형)	4IR (사업화연계과제수)	예산	238억 원	138억 원	376억 원
		과제수	167개	145개(50)	312개(50)
	소재·부품·장비 (IP연계과제수)	예산	71억 원	66억 원	137억 원
		과제수	50개(10)	70개(20)	120개(30)

[참고] ① 사업화연계과제: 창업진흥원 추천과제에 한하여 사업화 연계지원
② IP연계과제: 연계 신청과제에 한하여 IP전략 컨설팅 연계지원
③ 총 지원 규모 내에서 차수별, 세부과제별 지원규모 변동 가능하며, 1차, 2차 예산은 '20년 지원 예산액만 표기

모집공고를 확인하시면서 하나 눈에 들어오는 것은 '[참고1]' 보시면 '4IR' 관련된 창업이 연계가 가능하다는 것을 확인하셨습니다. 위 공고 말고 다른 공고를 보면 'BIG3(시스템반도체, 바이오헬스, 스마트자동차'도 역시 사업화연계과제가 있습니다. 이 공고문을 통해서 간접적으로 해석해야 하는 것은 '제조업' 중심이어야 하는구나 생각이 듭니다. 그럼 4IR이니, BIG 3에 해당되는 것이 무엇인가를 확인하셔야 하는데 그것은 '중소기업기술로드맵'을 검색하시면 웹페이지가 나오고 그 웹페이지를 통해 확인 가능하십니다.

다음 내용들은 한 번쯤은 꼼꼼하게 모집요강을 확인하셔야 하며 '혁신성장플랫폼' 세부요건 확인하고 마무리하겠습니다.

【붙임 1】

혁신성장플랫폼 세부 자격 요건 및 필요증빙

분야	자격 요건	필요증빙
혁신성장 플랫폼	① 최근 3년간 연평균 매출 또는 고용 증가율 평균 20% 이상 성장한 기업 (* '17년~'19년 결산기준)	- **(매출)** 재무제표(손익계산서(필수)), 부가세과세표준증명원, 세금계산서 등 * '17년, '18년, '19년 결산기준 모두 제출 - **(고용)** '17년~'19년도 말 기준 4대보험 사업장 가입이력 및 가입지명부
	② 연 매출액 10억 원 이상 (* '19년 결산기준)	- 재무제표(손익계산서(필수)), 부가세과세표준증명원, 세금계산서 등 * '19년 결산기준
	③ 연 수출액 5억 원 이상 (* '19년 결산기준)	- 수출실적증명원(한국무역협회 발급 등), 수출계약서 등 * '19년 결산기준
	④ 해외현지법인 또는 지사를 설립한 기업	- 해당 국가에서 발급한 법인등록증 또는 외국인회사 등록증(영업허가증) 등
	⑤ 공공연구기관 또는 대기업 등으로부터 기술을 도입한 기업 또는 협업추진 등 혁신역량 보유 기업	- 양도, 실시권 허락, 라이센싱 계약, 합작투자 또는 인수·합병, 공동연구개발 등 - 대기업, 중견기업 등과의 업무협약서 등 협업 관련 증빙
	※ 위의 5가지 요건 중 1개 이상 해당 기업	

고용증가율 또는 매출증가율, 10억 이상 매출 5억 이상 수출, 해외 법인 있으시거나 공공연구기관 특허 유치한 기업 등 다양한 조건 중 하나만 충족하면 됩니다. 위 혁신성장플랫폼 기준은 2020년도 기준으로 작성되었으며 같은 회계연도에 'BIG3' 분야는 해당사항이 없었습니다. 그러니 꼭 모집요강을 한 번 정도는 꼼꼼하게 읽어 보셔야 합니다.

14

창업도약패키지 지원사업 사업계획서 작성하기

14

창업도약패키지 지원사업 사업계획서 작성하기

앞선 글에서 확인하셨듯이 창업도약패키지 관련한 지원사업은 크게 '4IR, BIG3, 소부장' 이렇게 크게 세 가지 카테고리 중심으로 지원하시는 것을 권장해 드립니다. 물론 본 글을 작성하는 시점인 '2020년 9월' 기준으로 '언택트'가 시대의 핵심단어가 됨으로써 비대면 분야 사업이 내년도 창업도약패키지에 추가될 수도 있습니다. 하지만 비대면 분야 역시 일시적인 지원사업일 것이라 판단하며 비대면 사업이라 하더라도 '4IR' 관련 있는 사업들 중심으로 지원하셔야 선정될 수 있습니다. 다시 말씀드리면, '4IR, BIG3, 소부장' 관련분야가 아니시라면 수고스럽게 지원하지 마십시오. 더불어 창업도약패키지 지원사업을 신청하실 수준의 기업이 되시면 회사 내 조직이 구성되었다고 제가 판단을 하고 작성에 도움이 되는 핵심사항 중심으로만 설명드릴 예정이므로 매우 세부적인 사항들은 앞선 '초기창업패키지지원사업' 사업계획서 작성법을 참조하십시오.

창업사업화 지원사업 사업계획서

※ 본문 10page 내외로 작성(증빙서류 등은 제한 없음), '파란색 안내 문구'는 삭제하고 검정색 글씨로 작성하여 제출, 양식의 목차, 표는 변경 또는 삭제 불가(행추가는 가능, 해당사항이 없는 경우 공란으로 유지)하며, 필요시 사진(이미지) 또는 표 추가 가능

☐ 일반현황 ※ 개인사업자는 '개업연월일', 법인사업자는 '회사성립연월일'을 기재

기업명					기본분야		제조 / 지식서비스	
기술분야	공예·디자인	☐	기계·소재(기계·재료)	☐	바이오·의료(생명·식품)	☐	에너지·자원(환경·에너지)	☐	전기·전자(전기·전자)	☐
	정보·통신(앱)	☐	정보·통신(제조)	☐	정보·통신(SW)	☐	화학(화공·섬유)	☐		
사업자구분	개인 / 법인				개업연월일(회사성립연월일)		2000. 00. 00	
대표자명					생년월일		1900. 00. 00	
제품(서비스)명								
사업비 구성계획 (백만 원)	정부지원금		○○백만 원		주요성과 ('19년 기준)	고용(명)	○명(대표자 제외) ※ 신청일 기준 현재 고용인원
	대응자금	현금	○○백만 원			매출(백만 원)	○○백만 원 ※ '19년 총 매출(결산기준)
		현물	○○백만 원			수출(백만 원)	○○백만 원 ※ '19년 총 수출 (수출실적 발생 당월 기준환율 기준)
	합계		○○백만 원			투자(백만 원)	○○백만 원 ※ '19년 총 투자유치

인력 구성(대표자 제외, 공동대표 포함)

순번	직급	성명	담당업무	주요경력
1	개발이사	○○○	S/W 개발 총괄	컴퓨터공학과 교수
2	대리	○○○	해외 영업	미국 ○○대 경영학 전공
3	…	…		

혁신기술분야(중복선택 가능, 해당항목 v체크)					
인공지능	☐	빅데이터	☐	IoT	☐
5G+	☐	스마트제조	☐	지능형 로봇	☐
시스템반도체	☐	미래자동차	☐	바이오헬스	☐
스마트시티	☐	서비스플랫폼	☐	실감형 콘텐츠	☐
블록체인	☐	드론	☐	신재생에너지	☐
배터리	☐				
혁신성장플랫폼 자격 해당여부(해당항목 v체크)					
① 최근 3년간 연평균 매출 또는 고용 증가율 평균 20% 이상 성장한 기업			여 ☐		부 ☐
② 연 매출액 10억 원 이상(* '19년 결산기준)			여 ☐		부 ☐
③ 연 수출액 5억 원 이상(* '19년 결산기준)			여 ☐		부 ☐
④ 해외현지법인 또는 지사를 설립한 기업			여 ☐		부 ☐
⑤ 공공연구기관 또는 대기업 등으로부터 기술을 도입한 기업 또는 협업추진 등 혁신역량 보유 기업			여 ☐		부 ☐
R&D 연계 추천 시 참가 희망여부			여 ☐		부 ☐
가점해당여부(해당항목 v체크)					
① 고용·산업 위기지역 소재 창업기업			여 ☐		부 ☐
② 감염병 예방·진단·치료 관련 제품·서비스 신청 창업기업			여 ☐		부 ☐

작성페이지 수가 '10페이지' 내외입니다. 제가 제안드리는 권장 페이지 수는 20페이지를 넘지 않는 것입니다. 적은 페이지 수에 많은 내용을 담아야 하다 보니 사업계획서의 작성 방향은 '도식' + '개조식 설명'입니다. 특히 경쟁기술 또는 경쟁사와의 확실한 차이점을 정량화해서 표현을 해야 합니다.

1. 문제인식(Problem)

1-1. 제품·서비스에 대한 해결과제

과제명: 국내최초 Toxic 가스 스크러버 자원관리를 위한, IoT활용 사용환경기반에 따른 Gas Cabinet 배기장치 AI 시스템 개발.

> 최종결과물 도식 삽입

◦ 주요 핵심기능 및 필요성
- 당면한 과제

필요성	산업현황	개발NEEDS
원가절감	자원 및 에너지 사용관리 안 함	자원 및 에너지 사용 관리
안전성	독립적인 안전장치	듀얼 센싱을 통한 안전예측
확장성	필요시 단순확장, 비용과다	사용량 예측을 통한 통계적 분석

- 현재 기술의 문제점

필요성	문제점	해결방법
원가절감	단순 자원활용으로 불필요한 자원소비	G/C 배기분석기반, 스크러버 효율관리
안전성	개별적 안전인증 획득 후 별도 관리 없음	배전반, G/C 등 주 사고인자 듀얼 센싱을 통한 안전사고 예측 및 모니터링
확장성	확장 필요시 최대활용 고려 단순 확장	생산량, 소비량 분석에 따른 통계적 용량 산정 지원 시스템

* G/C: Gas Cabinet

- 주요 기술개발 내용

주요핵심기능	종래기술	개발기술
스크러버 자원활용	자원활용 안 함	사용자, AI 분석기반 스크러버 효율관리
안전기능	독립적인 G/C 안전기능	IoT 센싱 G/C, 배전반 듀얼 센싱기술
능동적 대응	고정 설치 후 독립사용	환경에 따른 AI 기반 능동적 대응
배기장치 조절	설치 후 고정	서보모터, PLC 기반 조절
통합 모니터링	독립적 모니터링	통합 모니터링

관련사진	관련사진	관련사진	관련사진	관련사진
스크러버 자원	안전기능	능동적 대응	배기장치 조절	통합모니터링

가장 중요한 '1. 문제인식' 부분입니다. 예창, 재창, 초창과는 다르게 '개조식' 중심으로 작성하였습니다. 개조식으로 작성한 가장 큰 이유는 10페이지 수준에 대부분의 것을 넣기 위해 어쩔 수 없이 개조식 중심으로 작성하였습니다. 다음 예시를 보겠습니다.

1. 문제인식(Problem)

1-1. 제품·서비스에 대한 해결과제

과제명: 국내최초 Toxic 가스 스크러버 자원관리를 위한, IoT활용 사용환경기반에 따른 Gas Cabinet 배기장치 AI 시스템 개발

○ 주요 문제 및 해결방법

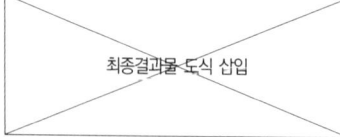

- 원가절감을 위한 자원관리
- 안전을 위한 이중 안전관리 및 예측
- 통계적 분석 기반 다양한 확장성

- 현재 기술의 문제점

필요성	문제점	해결방법
원가절감	단순 자원활용으로 불필요한 자원소비	G/C 배기분석기반, 스크러버 효율관리
안전성	개별적 안전인증 획득 후 별도 관리 없음	배전반, G/C 등 주 사고인자 듀얼 센싱을 통한 안전사고 예측 및 모니터링
확장성	확장 필요시 최대활용 고려 단순 확장	생산량, 소비량 분석에 따른 통계적 용량 산정 지원 시스템

* G/C: Gas Cabinet

- 주요 기술개발 내용

주요핵심기능	종래기술	개발기술
스크러버 자원활용	자원활용 안 함	사용자, AI 분석기반 스크러버 효율관리
안전기능	독립적인 G/C 안전기능	IoT 센싱 G/C, 배전반 듀얼 센싱기술
능동적 대응	고정 설치 후 독립사용	환경에 따른 AI 기반 능동적 대응
배기장치 조절	설치 후 고정	서보모터, PLC 기반 조절
통합 모니터링	독립적 모니터링	통합 모니터링

위 두 가지 작성예시를 보시면 크게 차이점은 없습니다. 다만 어떤 것이 눈에 더 잘 들어오느냐가 문제인데, 저의 경우 아래 예시보다는 위의 예시가 더 눈에 들어오고 안정감이 있습니다.

이런 사소한 것을 고민해야 하는 이유는 단순하게도 평가위원 입장에서 생각하는 것입니다. 평가위원들은 해당분야에 다양한 경험과 지식을 보유하고 있습니다. 만약 특정분야 경험과 지식이 부족해도 산업 전반에 대한 포괄적인 지식을 보유하고 있어 예창, 초창의 경우에는 사업초기이기 때문에 사업을 하려는 목적에 대해서 다양하게 설명을 하고 그 목적을 달성하기 위한 방법론을 설명해야 하는 반면 창도의 경우 이미 완성된 기술과 자원을 가지고 있는 기업이 좀 더 크게 성장하기 위해 지원하는 것입니다. 그러기에 평가위원들이, 특히 기술 중심의 평가위원들이 문제를 해결하기 위한 방법을 기술적 관점 그리고 사업적 관점에서 판단할 수 있게 만들어 줘야 합니다. 이런 이유로 창업도약패키지 지원사업은 '개조식' 중심의 작성입니다. 다음으로 넘어가서

'1-2. 경쟁자 대비 개선과제' 항목의 주요 작성 포인트는 경쟁자와의 확실한 차별성과 그 차별성으로부터 얻어지는 개선사항입니다. 다시 말씀드리면 이러저러한 차별점이나 종래 기술을 이렇게 저렇게 개선되었다는 수준에서 머무는 것이 아니고 이러한 개선을 통해 얻어지는 효과를 반드시 작성해야 합니다. 그리고 이러한 개선과제는 앞에 열거한 문제점의 숫자와 비슷하게 작성해야 합니다.

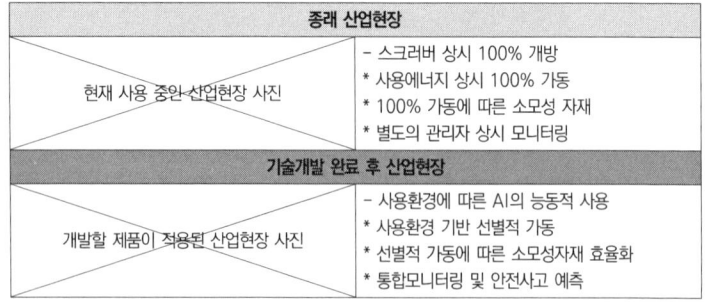

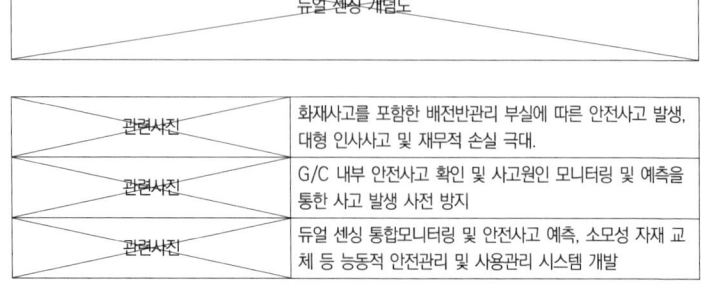

기존 스크러버 시스템	개발시스템
종래 스크러버 + 신규스크러버 사진	AI에 의한 스크러버 사진
- 3TON 소비량 계산 - 건축부지 확보 - 각종 인허가 진행 - 시설물 설치 - 약 ○○억 원 발생	- AI에 의한 스크러버 용량 상시 계산 - 별도 부지 필요에 대한 타당성 검토 - 간단한 증개축으로 별도 인허가 불필요 - 시설물 설치 없음 - 스크러버 관련 추가 발생 불필요

∘ G/C 확장 및 추가 설비비용 완화
DISPLAY 생산공장 1개 기준 20TON/DAY급 스크러버 설치 기준, 추가 3TON 설치 시

먼저 말씀드리고 싶은 것은 경쟁자는 없습니다. 경쟁자가 없다는 것은 다양한 이유가 있는데 1. 한국의 과학수준은 이미 글로벌 선도이기 때문입니다. 2. 5G, AI 등장으로 기존에 없었던 시설 또는 서비스를 주로 개발하고 계십니다. 3. 경쟁사의 제품을 업그레이드하는 경우는 보통 정부과제를 신청하지 않습니다. 보다 더 많은 이유가 있지만 실제로 경쟁자를 찾기 매우 어렵습니다. 하지만 경쟁자는 반드시 있어야 하므로 제가 생각하는 경쟁자는 기존의 산업 또는 서비스입니다. 이런 이유로 '경쟁자 = 기존 기술'입니다.

기존 기술과 서비스와 비교를 하면서 설명을 합니다. 당연하게도 시각화로 설명을 하고 개조식 글로 부연설명을 하는 방법을 권장드립니다. 여기에 추가로 넣어도 되는 것은 해당 기술에 대한 객관적인 근거자료들을 넣어 주시면 예를 들면 다음과 같습니다.

'○ 배전반, G/C 듀얼 센싱을 통한 산업현장 안전성 극대화' 설명 아래 다음과 같은 서술식 문구 한두 개 넣어 주셔도 좋습니다.

> 산업현장 사고의 70%는 배전반 화재에서 발생합니다. '○○○○ 기사 인용' G/C 가스 누설로 인한 사고 발생 시 인명피해로 연결되는 경우가 많이 있습니다. '○○○○ 산업안전 보고서 인용' 이러한 사고는 피해규모가 크고 인사사고로 연결이 되고 있어 산업재해 발생 전 재해 예측 시스템을 통해 재해를 사전에 방지하기 위해서는 '듀얼 센싱' 모듈을 이용하여 배전반과 가스케비넷에 동시 감지하여 데이터를 수집 및 분석하는 것이 반드시 필요합니다.

1-3. 고객의 니즈에 대한 개선과제
※ 고객의 니즈 및 해당분야 전문가 등에서 개선을 요구하는 문제점 등
◦
-

'1-3. 고객의 니즈에 대한 개선과제'는 우리가 개발하는 제품의 특징에 대해서 고객 입장에서 생각하고 이를 해결하기 위한 방법으로 작성하는 방향으로 갑니다. 시장에서 제품이 성공하기 위해서는 개발초기부터 고객니즈가 반영이 돼야 하지만, 그러지 못한 경우에 이와 같은 방법으로 고객의 입장에서 생각하고 정리를 해야 합니다.

1-3. 고객의 니즈에 대한 개선과제

◦ 원가절감에 대한 니즈
제조현장은 품질하락이 아닌 경우 지속적인 원가절감이 필요함

원가절감	해결방법	개발목표
에너지 비용 절감	소비 에너지를 분석하여 자원을 효율적으로 관리	종래 대비 30% 절감
인건비 절감	AI 도입으로 기존 설비 인력의 효율성 강화	종래 대비 인력 효율화 극대화
확장 시 비용절감	확장 시 불필요한 비용 최소화	기설치된 시설물 기준 종대 대비 10% 이상 확장 시 별도 비용 발생하지 않을 것

◦ 안정성에 대한 니즈
산업현장의 안전에 대한 니즈는 항상 최우선입니다.

안전문제	해결방법	개발목표
안전사고 감지	듀얼 감지 시스템을 통한 감지	배전반 감지 시스템, G/C 감지 시스템 개발
안전사고 감지의 정확성	AI 도입으로 기존 설비 인력의 효율성 강화	AI 예측력 80% 이상 프로그램 개발

◦ 확장성에 대한 니즈

확장성	해결방법	개발목표
빠른 확장 설계	상시 모니터링을 통한 확장가능성 판단 프로그램 도입	GMS 개발 및 상시모니터링 구현
소요 비용 최소화	토지 구입비, 건축비 등 발생비용의 최소화	기설치된 시설 중심 10% 미만 추가 구축 시 별도비용 없을 것

고객 니즈에 대한 분석 및 해결방법 그리고 개발목표까지 제시하는 것을 권장합니다.

특히 개발목표의 경우 숫자로 표현하는 것이 바람직합니다. 더불어 반복적으로 설명드리지만, 이미지를 활용하여 시각적으로 자극하는 것도 매우 중요합니다.

2. 실현가능성(Solution)

2-1. 제품·서비스의 개발(개선) 방안

※ 자사에서 인지한 제품(서비스)에 대한 문제점 개선(개발) 방안, 차기 제품(서비스) 개발, 현재 구현정도, 제작 소요기간 및 제작방법(자체, 외주) 등
。

-

〈사업 추진일정〉

추진내용	추진기간	세부내용
제품보완, 신제품 출시	2020.0.0.~2020.0.0.	○○ 기능 보완, 신제품 출시
홈페이지 제작	2020.0.0.~2020.0.0.	홍보용 홈페이지 제작
글로벌 진출	2020.0.0.~2020.0.0.	베트남 ○○업체 계약체결
투자유치 등	2020.0.0.~2020.0.0.	VC, AC 등
…		

2-2. 고객 요구사항에 대한 대응방안

※ 고객 및 해당분야 전문가 등이 요구하는 문제점에 대한 개선 방안 등
。

-

2-3. 시장 경쟁력 확보 및 강화방안

※ 시장·경쟁자 등의 제품·서비스 대비 문제점에 대한 개발(개선) 방안, 우위요소, 차별화 전략 등
。

-

두 번째로 중요한 '실현가능성'입니다. '실현가능성' 역시 개조식과 도식을 중심으로 매우 구체적으로 설명해야 합니다. 다음 예시를 보겠습니다.

2. 실현가능성(Solution)

2-1. 제품·서비스의 개발(개선) 방안

전체 사업 로드맵(개발현황 및 사업화 과제)	
개발 현황	개발완료한 제품의 이미지 – 배전반 센싱모듈 프로토 타입 제작완료 – G/C 센싱모듈 프로토 타입 제작완료 – G/C 설계완료 및 제작 중 – 실증을 위한 산업현장 섭외 완료 및 MOU 체결
사업화 과제	1. 배전반 센싱모듈 양산설계 및 시제품 제작 2. 배전반 센싱모듈 실증 테스트 진행 3. G/C 센싱모듈 양산설계 및 시제품 제작 4. G/C 센싱모듈 실증 테스트 진행 5. G/C 완성 제작 6. G/C 배기 시스템 분석 및 테스트 7. 시스템 운영 프로그램 개발 8. 안전사고 예측 프로그램 개발 9. 스크러버 운영지원을 위한 G/C 자동 흡, 배기 시스템 개발 10. 스크러버 소비량 예측 프로그램 개발 11. 운영 시스템 안정성 인증 진행

○ ㈜○○○○ 시스템은 SI 전문기업으로서 특히 G/C 중심의 가스 유틸리티 SI 전문기업입니다. 본 기술개발 관련한 특허로는 ○○○○, ○○○○을 보유하고 있으며 본 시스템을 실증하기 위해 국내 대기업 ○○○○과 실증 테스트를 위한 MOU를 완료하였습니다.

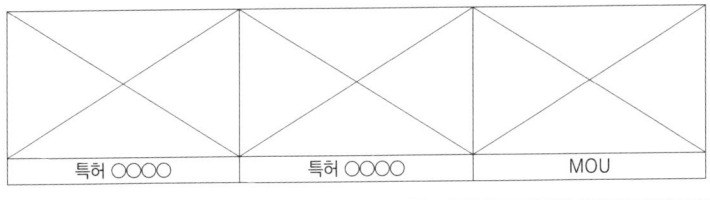

| 특허 ○○○○ | 특허 ○○○○ | MOU |

작성 포인트는 무엇을 개발했고 다음으로 무엇을 개발할 것이라는 것을 알려 줘야 합니다. 그리고 단순하게 개발만 하는 것이 아니고 개발을 하고 어떤 방법으로 검증할 것이라는 것을 명확하게 설명해야 합니다.

○ 프로젝트 개발 로드맵

프로젝트 개발 로드맵
차트 형태와 로드맵이 보기 좋습니다.

〈사업 추진일정〉

사업 추진 단계	세부 추진내용		구현정도 및 제작 방법			소요기간
			설명	구현 정도	구현 목표	
시스템 개발 및 실증	1. 목표	목표 내용 설명	목표 내용 상세 설명	80%	100%	2개월
	2. 목표	일별 목표 내용 설명	목표 내용 상세 설명	80%	100%	
	3. 목표	목표 내용 설명	목표 내용 상세 설명	80%	100%	
	4. 목표	목표 내용 설명	목표 내용 상세 설명	80%	100%	
	5. 목표	목표 내용 설명	목표 내용 상세 설명	80%	100%	
	6. 목표	목표 내용 설명	목표 내용 상세 설명	80%	100%	
	7. 목표	목표 내용 설명	목표 내용 상세 설명	80%	100%	
	8. 목표	목표 내용 설명	목표 내용 상세 설명	40%	100%	1개월
	9. 목표	목표 내용 설명	목표 내용 상세 설명	50%	100%	1개월
	10. 목표		목표 내용 상세 설명	50%	100%	
	11. 목표		목표 내용 상세 설명	50%	100%	
	12. 목표	목표 내용 설명	목표 내용 상세 설명	50%	100%	

다음으로 프로젝트 로드맵이 들어가는 것이 좋습니다. 로드맵은 도식도 좋지만 테이블로 작성된 '칸트차트' 같은 것을 이용하는 것이 보기 좋습니다.

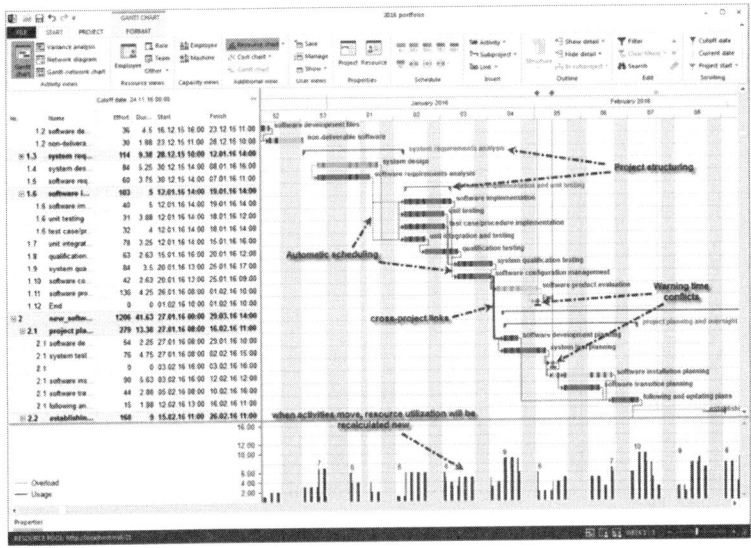

간트차트 예시입니다. 일종의 일정표 형식의 로드맵이라고 생각하셔도 좋습니다.

로드맵 작성 이후 각 테스크별(세부항목별) 목표, 의제, 설명, 구현정도, 달성최종목표, 소요기간을 표기해 줍니다.

이러한 설명이 말해 주는 것은 '얼마나 체계적으로 기술개발을 준비했느냐'이고 이는 곧 사업계획서의 정성과 성의입니다. 다음 작성할 부분은

2-2. 고객 요구사항에 대한 대응방안
※ 고객 및 해당분야 전문가 등이 요구하는 문제점에 대한 개선 방안 등
ㅇ
-

2-3. 시장 경쟁력 확보 및 강화방안
※ 시장·경쟁자 등의 제품·서비스 대비 문제점에 대한 개발(개선) 방안, 우위요소, 차별화 전략 등
ㅇ
-

고객 요구사항에 대한 대응방안의 작성요령은 '고객니즈에 대한 개선과제'에 대한 세부적인 설명을 하는 항목입니다. 그리고 이러한 대응방안은 주로 기술적인 접근에서 작성되어야 합니다. 더불어 연장선상에서 이러한 고객니즈에 대한 기술적 대응방안은 당연하게도 시장 경쟁력 확보 방안까지 연결해야 하는 것입니다. 그럼 여기서 생각해야 할 것은 앞서 이야기한 고객의 니즈를 어떻게 보충을 하느냐 하는 문제인데, 똑같은 것을 반복하시면 안 되고 매우 구체적으로 보충을 하셔야 하면서 동시에 기술적인 보충이므로 바람직한 작성은 바로 정량적 항목을 삽입하는 것입니다. 그럼 고민스러운 것이 왜 하필 정량적 항목을 넣느냐입니다. 이유는 너무 단순하게도 평가위원들은 '창업진흥원' 과제 이외에 다양한 분야에서 과제 평가를 합니다. '창업진흥원'을 제외한 다른 기관은 기본적으로 '정량적 개발목표' 항목이 들어가 있습니다. 다음 예시를 보겠습니다.

평가항목 (주요성능· 물성 등 Spec[1]))	단위	전체항목에 서 차지하는 비중[2]) (%)	세계최고 수준 보유국가명/기업명 (국가 / 기업) 수준	연구개발전국 내수준 (기업명) 수준	수행목표	평가기관
1. 생산속도	m/min	30%	이탈리아/ LORENZAT 1ea/60초	자료없음	1개/20sec	Kolas 기관
2. 압력	Kg	5%	대만/Win Tech 10Kg~15Ton	자료없음 10Kg~15Ton	3kg~15kg	Kolas 기관
3. 적용색상	개	10%	이탈리아/ LORENZAT 해외 2색	자료없음	2색 이상	Kolas 기관
4. 재료 로스율	%	45%	이탈리아/ LORENZAT 50%	자료없음	10% 이하	Kolas 기관
5. 안전인증	회	5%	CE/TUV 등	CE/TUV	CE/TUV 획득	인증기관
계		100%				

평가항목	평가기관	평가기준(규격)	평가방법
1. 생산속도	Kolas 기관	1개/20초	30분 연속 측정 후 평균치 / 타이머 기준 육안 검사
2. 압력	Kolas 기관	Kg	장비 입출력 값 또는 별도 로드셀 이용 Min~Max 각 5회 반보 측정
3. 적용색상	Kolas 기관	개	적용여부 검토
4. 재료 로스율	Kolas 기관	%	투입 전 재료와 완성품 간 무게 비교
5. 안전인증	Kolas 기관	회	인증기관

위 예시는 정부개발 지원사업에 사용이 되는 일반적인 '정량적 목표항목'입니다. 평가위원들은 위와 같은 양식에 매우 익숙하며 과제를 평가할 때 반드시 확인하고 넘어가는 항목입니다. 하지만 이런 것은 '창업진흥원' 사업계획서에는 반영되어 있지 않습니다. 그래서 이것을 차용해

서 작성하는 것이 바람직하다고 말씀드리며, 이러한 정략적 항목을 '소비자 니즈'와 결합하여 작성하는 것입니다. 다음 예시를 보겠습니다.

2-2. 고객 요구사항에 대한 대응방안

◦ 고객 요구사항 분석 및 대응방안

고객 요구사항	종래 기술		개발목표
	세부사항	현재 수준	
에너지 비용 절감	사용에너지의 효율관리를 통한 원가 절감	적용 안 됨 소비량 100%	목표: -30% 이상 절감 평가방법: 사용유무에 따른 에너지 사용량 실시간 비교
인건비 절감	자동화를 통한 인적자원 효율적 관리	30TON 급 5~8명	목표: 2~5명 평가방법: 사용자 인터뷰, 평가자 기준에 의한 인터뷰 진행
확장 시 비용절감	상시 확인 가능한 스크러버 상태 및 확장 가능성	필요시 확인	목표: 시스템 구축 평가방법:실시간 모니터링 시스템 구축, 설비 증축 시 스크러버 용량 자동 시뮬레이션 시스템 구축 확인

평가기관은 KOLAS 기관에서 진행하며(KTL), 시험규칙은 평가기관 제시 기준에 충족할 것

개발목표를 확인하시면 위 테이블에 있는 내용을 대부분 포함하고 있습니다. 기준은 사용자 기준이며 사용자의 현장을 KOLAS 기관에서 평가하는 시스템이므로 개발목표에 대한 객관적인 검증까지 된 상태입니다. 다음으로 2-3 항목을 구체적으로 설명드리면,

시장 경쟁력 확보 및 방안을 '기술적 차별화' 관점에서 작성하는 것은 무엇을 의미하느냐 하면 바로 특허입니다. 그리고 우리 독자적으로 개발하는 것이 아니라 각종 기관과 협업을 한다면 어떨까요? 다시 제가

문의드리는 평가위원 입장에서 생각해 보는 시간입니다.

'A 업체는 기술력이 뛰어나고 진보성이 있으며 내부적인 기술확보가 가능한 기업', 'B 업체는 기술력은 보통이나 추진능력이 있어 보이고, 정부 및 학교와 유기적인 협업을 하는 기업.' 어느 기업에 지원을 결정하실 것인가요? 정답은 이미 결정된 것 같습니다. 다음 예시를 보겠습니다.

2-3. 시장 경쟁력 확보 및 강화방안

◦ 기술적 차별화
 - 본 기술개발 및 사업화를 위해서는 안전사항 감지를 위한 하드웨어 특허, 이를 운영하는 프로그램에 대한 특허 등 다양한 특허기술의 확보가 필요합니다.
 - 당사는 본 기술개발을 위해 다음과 같은 특허를 확보하였습니다.

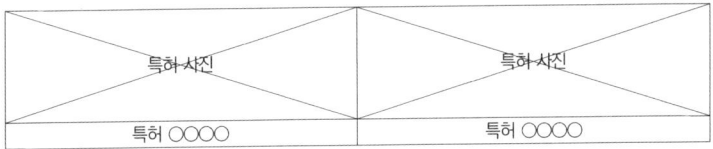

◦ 경쟁기술 분석
 - 본 기술과 가장 유사한 기술을 중심으로 경쟁기술 분석을 한 결과 다음과 같습니다.

지식재산권명	지식재산권출원인	출원국/출원번호
경쟁사 특허명	○○○ 주식회사	한국/10-0000-0000000
경쟁사 특허명	○○○ 주식회사	한국/10-0000-0000000
경쟁사 특허명	○○○ 주식회사	한국/10-0000-0000000

등록번호	10-0000-0000000	특허명		경쟁사 특허명
출원인	○○○ 주식회사	국가		대한민국
특허 대표 도면		특허 설명		

등록번호	10-0000-0000000	특허명	경쟁사 특허명
출원인	○○○ 주식회사	국가	대한민국
특허 대표 도면		특허 설명	

등록번호	10-0000-0000000	특허명	경쟁사 특허명
출원인	○○○ 주식회사	국가	대한민국
특허 대표 도면		특허 설명	

등록번호	10-0000-0000000	특허명	경쟁사 특허명
출원인	○○○ 주식회사	국가	대한민국
특허 대표 도면		특허 설명	

- 기술개발 협업화 추진 현황
  - 본 기술개발의 완성도를 높이기 위해 ○○○○ 학교와 기술협업을 추진 중에 있습니다.

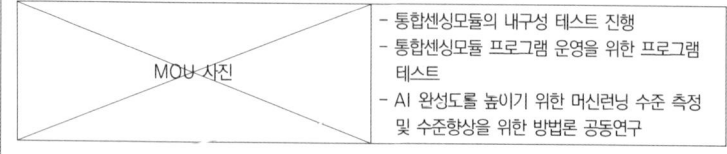

MOU 사진	- 통합센싱모듈의 내구성 테스트 진행 - 통합센싱모듈 프로그램 운영을 위한 프로그램 테스트 - AI 완성도를 높이기 위한 머신러닝 수준 측정 및 수준향상을 위한 방법론 공동연구

'2. 실현가능성' 부분은 '1. 문제인식' 부분에서 강조한 내용들을 어떤 방법으로 구체화할지에 대해 작성하는 것입니다. 특히 개발 방법에 대해서 매우 구체적으로 가능성 여부를 작성하게 됩니다. '2. 실현가능성' 까지 작성을 하였으면 이제 사업화를 어떤 방향으로 진행할지에 대해서 구체적으로 설명 부분이 남았습니다.

3. 성장전략(Scale-up)

3-1. 자금소요 및 조달계획

※ 자금의 필요성, 금액의 적정성 여부를 판단할 수 있도록 사업비(정부지원금 + 대응자금(현금, 현물))의 사용계획 등을 기재(신청사업의 통합관리지침 및 세부관리기준에 근거하여 작성)

―〈현물 인정기준〉―
1. 창업기업이 보유하고 있는 견품, 시약 등 재료비
2. 창업기업이 보유하고 있는 시제품제작 관련 기자재의 사용료 및 임차료
   (단, 기자재의 경우 취득가액의 10%, 또는 잔존가치액 이내에서 인정)
3. 주관기관이 창업기업에 무상으로 창업준비공간을 제공 시, 해당 공간의 임대료를 계상하며 임대장소의 월 임대료 기준을 적용
4. 창업기업이 창업준비공간을 보유 또는 임차한 경우 해당 공간의 임차료
5. 창업기업이 본인 및 창업제품(서비스) 사업화 수행에 직접 참여하는 고용인력의 인건비

〈사업비 세부내역(정부지원금 + 대응자금)〉

비 목	산출근거	금액(원)		
		정부지원금	대응자금(현금)	대응자금(현물)
재료비	• DMD소켓 구입(○○개×○○○○원)	3,448,000		
	• 전원IC류 구입(○○개×○○○원)	7,652,000		
외주용역비	• 시금형제작 외주용역(○○○제품 … 플라스틱금형제작)		7,000,000	
지급수수료	• 국내 ○○○전시회 참가비(부스임차, 집기류 임차 등 포함)			
인건비				10,000,000
…				
…				
…				
합 계				

3-2. 시장진입 및 성과창출 전략

3-2-1. 내수시장 확보 방안(경쟁 및 판매가능성)

※ 내수시장을 중심으로 주 소비자층, 주 타겟시장, 진출시기, 시장진출 및 판매 전략, 그간 실적 등을 구체적으로 기재

◦

-

◦ 내수시장 진출 실적 ※ 관련실적이 없는 경우 '해당사항 없음'으로 기재

유통채널명	진출시기	판매 아이템	판매금액
○○마트	2014.2.14.~2014.2.22.		○○○백만 원
…			
…			

◦ 내수시장 매출 예상

유통채널명	진출시기	판매 아이템	판매금액
○○몰	2018.2.14.~2018.2.22.		○○○백만 원
…			
…			

3-2-2. 해외시장 진출 방안(경쟁 및 판매가능성)

※ 해외시장을 중심으로 주 소비자층, 주 타겟시장, 진출시기, 시장진출 및 판매 전략, 그간 실적 등을 구체적으로 기재

◦

-

◦

◦ 글로벌 진출 실적 ※ 관련실적이 없는 경우 '해당사항 없음'으로 기재

수출국가수	수출액	수출품목수	수출품목명
○개국	○○○백만 원	○○개	○○○, ○○○, ○○○
…			
…			

◦ 글로벌 진출 역량 ※ 관련실적이 없는 경우 '해당사항 없음'으로 기재

해외특허 건수 (출원 제외)	국제인증 건수	국제협약체결 건수 (외국 현지기업과 MOU, NDA 등)
○건	○○건	○○건
...		
...		

◦ 수출분야 핵심인력 현황: ○○명
※ 수출인력이 없는 경우 '해당사항 없음'으로 기재
※ 수출분야 핵심인력 예시
 - 임직원 중 수출 또는 무역관련 회사 경력자, 임직원 중 1년 이상 해외 근무 경험자, 임직원 중 해외학위(학사 이상) 보유자 등

성 명	직 급	주요 담당업무	경력 및 학력
○○○	과장	영어권 수출	○○무역회사 경력 3년
...			베트남 현지 무역업체 2년 근무
...			
...			

◦ 해외시장 매출 예상

유통채널명	진출시기	판매 아이템	판매금액
○○백화점	2019.2.14.~ 2019.2.22.		○○○백만 원
...			
...			

3-3. 출구(EXIT) 목표 및 전략

3-3-1. 투자유치
※ 엔젤투자, VC(벤처캐피탈), 크라우드 펀딩 등의 투자처, 향후 투자유치 추진전략 및 방법 등 기재
◦
 -
◦

3-3-2. 인수·합병(M&A)
※ 인수합병(M&A)을 통한 사업확장 또는 출구전략에 대한 중·장기 전략을 기재
◦
-
3-3-3. 기업공개(IPO)
※ 기업의 경쟁력 강화, 투자자금 회수 등을 위한 기업공개(IPO) 중·장기 전략을 기재
◦
-

◦
3-3-4. 정부지원금
※ R&D, 정책자금 등 정부지원금을 통한 자금 확보전략 등
◦
-

3. 성장전략(Scale-up)

3-1. 자금소요 및 조달계획

◦ 자금활용에 대한 구체적 목표
  - 제품개발을 위한 시작품 제작비용 ○○○○천 원
  - 시장창출을 위한 제품 마케팅비용 ○○○○천 원
  - 신규고용 촉진을 위한 인건비 ○○○○천 원

합계(총 사업비) (100%)	정부지원금 (70% 이하)	창업자부담금(30% 이상)		
		현금(10% 이상)	현물(20% 이하)	소 계
146,000천 원	96,000천 원	20,400천 원	29,600천 원	50,000천 원
* 창업자 부담금 산출내역: 현금 20,400천 원 자기자본 + 현물 29,600천 원(참여인력 인건비) 총 50,000천 원				

비 목	산출근거	금액(원)		
		정부 지원금	대응자금 (현금)	대응자금 (현물)
재료비	재료 1	1,000,000		-
	재료 2	1,000,000		-
	재료 3	20,000,000		-
	재료 4	9,000,000		-
	재료 5	6,000,000		-
	재료 6	8,000,000		-
	재료 7	8,000,000		
	재료 8	10,000,000		-
	재료 9	1,500,000		-
	재료 10	3,000,000		-
	재료 11	500,000		
위탁기관	○○○○ 대학교			3,000,000
인건비	자체연봉 2인기준		6,000,000	14,000,000
	신규고용연봉 1인기준		5,400,000	12,600,000
홍보비용	프로모션	15,000,000		-
	홍보전단 제작	2,000,000		-
	홍보용 영상제작	5,000,000		-
	프로모션 쿠폰		9,000,000	-
	전시회 참가	6,000,000		-
합 계		96,000,000	20,400,000	29,600,000

'3-1 자금조달계획' 항목은 개발하시는 제품의 비용을 작성합니다. 작성 시 주의 사항은 총 비용의 합계가 일치해야 합니다.

3-2. 시장진입 및 성과창출 전략

3-2-1. 내수시장 확보 방안(경쟁 및 판매가능성)

◦ 고객사 분석
- 본 개발 제품은 산업의 특성상 주로 대기업 및 연구기관에서 사용이 되며 고객사의 특징은 다음과 같습니다.

　＊ 고객사 구분

대기업	삼성, LG, 현대, 롯데, 한화, 동우회인켐, OCI, SK 등
중견기업	한양이엔지, 신성이엔지, 제일정공, 금호전기, 풍산그룹 등
연구원 (B to G)	카이스트, 지스트, 디지스트, 유니스트, 서울대학교 등

　＊ 고객사 특징

대기업	완성제품 조립업체, 첨단산업 리딩, 매출액 대규모 산업안정성, 원가절감에 대한 NEEDS 높음
중견기업	대기업 OEM 회사 산업안정성도 중요하지만 원가절감에 더 민감하게 반응함
연구원 (B to G)	선행기술 개발 및 학생지도를 위한 개발 안정적인 사용, 검증된 제품

　＊ 시장진입 방법

대기업	1차 벤더 진입 장벽이 높음. 중장기 전 영업전략 필요
중견기업	일부 기업 1차 벤더 등록 완료
연구원 (B to G)	일부 납품 완료

◦ 내수시장 진출 실적

기업명	진출시기	판매 아이템	판매금액
삼성전자 2차협력사	0000.00.00~0000.00.00	가스케비닛	○○백만 원
SMI 1차협력사	0000.00.00~0000.00.00	가스케비닛 모니터링시스템	○○백만 원
제일정공 1차협력사	0000.00.00~0000.00.00	가스케비닛	○○백만 원

○ 4P 전략

제품(Product)	- 고객사 사용환경에 맞는 개별적인 UI/UX - 성능 중심 및 내구성 중심의 제품 생산 - A/S 확보를 위한 담당직원 확보
가격(Price)	- 시스템 구축 후 ROI 24개월 - 신규 구축 시 기존 제품 대비 130% 이내 가격 형성
유통(Place)	- 중소, 중견기업 1차 벤더로 직접 판매 - 대학 등 연구단체 1차 벤더로 직접 판매 - 대기업, 기존 협력사 활용 2차 벤더로 판매
촉진 (Promotion)	- 직접 프로모션 기획 및 진행 - On/Off 라인 홍보를 통한 브랜드 이미지 형성

○ 제품화 계획

제품명(제품구성)	제품화 전략
G/C 안전감지 시스템	단일 장비로 판매가능한 형태의 제품화 구현
G/C 배기관리 시스템	단일 시스템으로서 판매 및 제품화 및 서비스 구현
G/C 통합관리 시스템	통합 시스템으로, 제품 및 서비스 구현

○ 가격 전략

제품명(제품구성)	판매 금액 전략
G/C 안전감지 시스템	단일 장비 구입 시 6,000만 원~8,000만 원
G/C 배기관리 시스템	단일 서비스 구입 시 5,000만 원~7,000만 원
G/C 통합관리 시스템	세트 구입 시 10,000만 원~12,000만 원

○ 제품확장전략

제품명(제품구성)	제품확장전략
G/C 안전감지 시스템	시스템 공급 이후 상위 시스템으로 확장
G/C 배기관리 시스템	에너지 효율관리 시스템 중심의 별도 모듈 구성
G/C 통합관리 시스템	설치 후 라이선스 비용으로 확장

○ 내수시장 진입 전략

단계	마케팅 세부 목표
1단계	제품 성능 중심의 전략, 기납품기업 공급 중심 영업 진행
2단계	사업화 실적 확보 후 대규모 홍보 진행, 주로 대기업 니즈에 맞는 홍보 진행
3단계	1차 벤더를 통한 대기업 납품 진행

- 양산계획

현재	개발 종료 후 2년
연 40SET 생산규모 / 월 4대 생산 가능 장비 제작 및 테스트 자체생산, 가공품 외주 생산 장비셋업 및 A/S 요원 3인 이상 확보	연 120SET 생산규모 / 월 10대 생산 가능 규모로 확장 장비셋업 및 A/S 요원 10인 이상 확보 예정

- 판로개척계획

직접판매	간접판매
1. 대중소기업 협력지원사업을 통한 관급납품 탐색 및 추진 2. 물적요건(시설확보, 인력확보) 이후 영업력 강화 3. 해외 및 국내 전시회 참가를 통한 기술 홍보	1. 종래 고객사(경쟁사)에 우수한 기술의 제품을 홍보 2. 한양기공, KC TECH, 제일 ENG 등 납품을 통한 대기업 2차 벤더로서 판로 개척

- 제품 포지셔닝

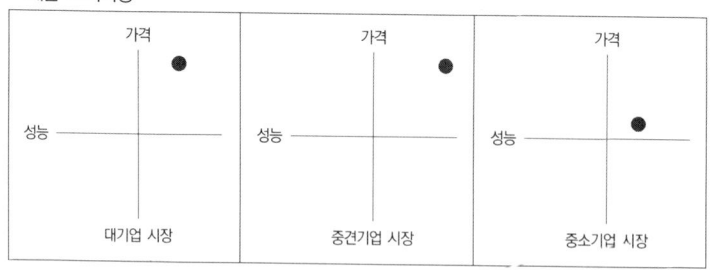

- 대기업 고객사 침투 전략

1단계: 종래 고객사를 통한(한양기공, 제일 ENG) 최종 고객사 2차 협력사로 납품 진행
2단계: 현장 서비스를 통한 최종 고객에게 회사 이미지 및 홍보 진행
3단계: 자사 매출신장을 통한 대기업 1차 벤더 자격 획득
4단계: 고객사 요청 시 즉각적인 대응(R&D 스케일부터 진입 시도)

판매처	국가명	판매 단가 (천 원)	예상 연간 판매량(개)	예상 판매기간(년)	예상 총판매금 (천 원)	관련제품
삼성전자, SK 하이닉스	한국	100,000	100	3	30,000,000	○○○○ 시스템
세메스, 테스	한국	100,000	30	3	9,000,000	○○○○ 시스템
국내 연구원 및 대학	한국	100,000	20	3	6,000,000	○○○○ 시스템

3-2-2. 해외시장 진출 방안(경쟁 및 판매가능성)

◦ 해외시장 진출 전략

1단계	2단계	3단계
제품 완성 후 카탈로그 제작 및 해외시장을 위한 외국어 홈페이지 개설	해외시장 진출을 위한 해외 지사화 사업 진행	해외 전시회 참관을 통한 해외 AGENCY 구축

◦ 해외시장 매출 예상

판매처	국가명	판매 단가 (천 원)	예상 연간 판매량(개)	예상 판매기간(년)	예상 총판매금 (천 원)	관련제품
화웨이	중국	100,000	100	3	30,000,000	○○○○ 시스템
○○○○	미국	100,000	30	3	9,000,000	○○○○ 시스템
○○○○	독일	100,000	20	3	6,000,000	○○○○ 시스템

[해외 지사화 서비스 신청 사진] [국내외 전시회 참관 사진]

◦ 내부역량 분석

Strengths(강점)	Weaknesses(약점)
- 가스 케비넷 제작 경험 다수 보유 - 로봇 제작 경험 보유 - 국내 대기업 2차 협력업체 등록 완료	- 기업의 매출액 대비 기업이미지 약함 - Pipe, Valve 외주 제작 의존

◦ 외부환경 분석

Opportunity(기회)	Threat(위협)
- 현재까지 출시 제품 없음 - 제품 컨셉상 구현이 어려운 기술임 - 삼성, SK 하이닉스 메모리 반도체 시장 진출	- 해외 중심으로 제품개발 진행 중 - 국내경쟁사 기업 특허 진행 중

◦ 위협요인에 따른 대응전략
 - ○○○○년도 안에 가시적인 제품 출시
 - 제품출시에 따른 영업 진행
 - 기존고객사 중심의 영업 활동 진행
 - 해외지사화 사업을 통한 해외 시장진출

○ 글로벌 진출 실적

수출국가수	수출액	수출품목수	수출품목명
3개국	○○백만 원	○○개	○○○○ 시스템

○ 글로벌 진출 역량

해외특허 건수 (출원 제외)	국제인증 건수	국제협약체결 건수 (외국 현지기업과 MOU, NDA 등)
01건	01건	01건
사진 이미지	사진 이미지	사진 이미지

○ 수출분야 핵심인력 현황: ○○명

성 명	직 급	주요 담당업무	경력 및 학력
홍승민	과장	해외 마케팅	○○○○ 해외 영업부

    작성된 항목들을 세부적으로 보면 정부에서 제공하는 표준사업계획서 내용보다 더 세부적이고 자세한 내용들로 구성되어 있습니다. 물론 정부에서 제공하는 양식안에서 작성을 하셔도 좋지만 그보다 더 구체적이고 세부적인 사항들을 적어 줌으로써 사업화에 대한 의지를 보여줄 수 있습니다. 제가 권장드리는 것은 위와 같은 내용들이 가급적 추가하시는 것을 권장해 드립니다.

3-3. 출구(EXIT) 목표 및 전략

3-3-1. 투자유치
○ 투자유치
  - 현재 대표자 100% 투자로 사업진행

- 추가 투자유치 계획
  - 경기 창조경제혁신센터 IR 데이 참가 예정
  - 창업진흥원 IR 데이 참가 예정
  - 벤처캐피탈, 펀딩 기업 투자 제안서 제출 예정

3-3-2. 인수·합병(M&A)
- 별도계획 없음

3-3-3. 기업공개(IPO)
- 코스닥 상장을 위한 준비 상황
  - 코스닥 상장을 준비하여 ○○○○ 회계법인가 1차 협의 완료

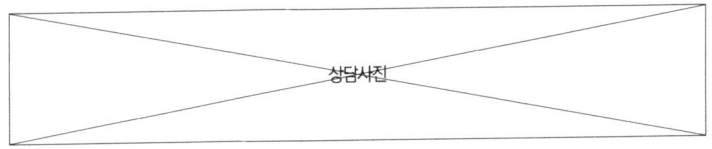
상담사진

3-3-4. 정부지원금
- 온라인 홍보지원사업 중심으로 자사의 중국 수출 시 강점 및 마케팅 정보 활용방법 등 다양한 정부지원사업을 활용할 예정입니다.

후속사업	사업 예상액	추진시기	전략 및 방법
온라인 홍보사업	10,000천 원	2020.03~	- 창조경제혁신센터 - 지방정부
홍보 헤커톤	10,000천 원	2020.09~2020.12	- 창업진흥원

3-3. 출구전략으로 '3. 성장전략'이 완성되었으며 이제 마지막 '4. 팀 구성' 부분입니다.

팀 구성에서 가장 중요한 것은 각 팀원이 얼마나 전문적이냐 그리고 개발하는 과제와 얼마나 연관성이 있느냐를 보여 주는 단계입니다. 먼저 양식부터 확인을 하고 바로 작성예시를 보여 드리겠습니다.

4. 팀 구성(Team)

4-1. 대표자·직원의 보유역량

◦ **대표자 현황 및 역량**
※ 창업제품(서비스)과 관련하여 대표자가 보유하고 있는 이력, 역량 등을 기재

-

◦ **직원 현황 및 역량**
※ 사업 추진에 따른 현재 고용인원 및 향후 고용계획을 기재
　* 일자리 안정자금이란?: 최저임금 인상에 따른 소상공인 및 영세중소기업의 경영부담을 완화하고, 노동자의 고용불안을 해소하기 위하여 정부에서 근로자 보수를 지원(고용노동부, 근로복지공단)

순번	직급	성명	주요 담당업무	경력 및 학력 등	채용연월	일자리 안정자금 수혜여부
1	과장	○○○	S/W 개발	컴퓨터공학과 교수	'16. 8	O / X
2	…		해외 영업(베트남, 인도네시아)	○○기업 해외영업 경력 8년	채용 예정	
3	…		R&D	○○연구원 경력 10년		

◦ **추가 인력 고용계획**

순번	주요 담당업무	요구되는 경력 및 학력 등	채용시기	청년 여부 (만 39세 이하)
1	S/W 개발	IT분야 전공 학사 이상	'16. 8	O / X
2	해외 영업(베트남, 인도네시아)	글로벌 업무를 위해 영어회화가 능통한 자		

◦ **업무파트너(협력기업 등) 현황 및 역량**
※ 창업제품(서비스) 개발에 필요한 협력사의 주요역량 및 협력사항 등을 기재

순번	파트너명	주요역량	주요 협력사항	비고
1	○○전자		테스트 장비 지원	~'18.12
2	…			협력 예정

4-2. 자사의 기술개발 역량 및 기술보호 노력

- **기술개발 역량**
※ 제품·서비스 개발을 위한 자사의 자체 기술개발 역량(연구개발 보유 장비, 인력 등 포함)을 기재

-

- **기술보호 노력**
※ 개발(한)하는 제품·서비스의 보호방안 및 운영하고 있는 자체 기술보호(보안) 관리 체계 (보안담당자 지정, 기술보호교육, 보안규정, 기술임치도입, 출입관리 등 기술적 물리적 보안시스템 운영 등)
※ 제품·서비스 개발 후 기술유출 방지를 위한 기술보호 계획을 기술

-

4-3. 사회적 가치 실천계획

※ 양질의 일자리 창출을 위한 중소기업 성과공유제, 비정규직의 정규직화, 근로시간 단축 등 사회적 가치 실천계획을 기재

　* 중소기업 성과공유제 개요: 중소기업 근로자의 임금 또는 복지 수준 향상을 위해 사업주가 근로자 간에 성과를 공유하는 제도(중소기업 인력지원 특별법 제27조의 2)

구분		내용
현금	경영성과급	기업 차원에서 이익 또는 이윤 등의 경영성과가 발생했을 때 해당 성과를 회사 종업원들과 공유하는 경영활동
	직무발명보상	종업원, 법인의 임원 또는 공무원이 개발한 직무발명을 기업이 승계 소유하도록 하고, 종업원 등에서 직무발명의 대가에 상응하는 정당한 보상을 해주는 제도
주식	우리사주	'우리 회사 주식 소유제도'의 줄임말로, 근로자가 자신이 근무하는 회사의 주식을 취득 보유할 수 있도록 하는 제도
	주식매수선택권 (스톡옵션)	회사가 정관으로 정하는 바에 따라 임직원 등에게 미리 정해진 가격으로 신주를 인수하거나 회사의 주식을 매수할 수 있는 권리를 부여하는 것
공제 및 기금	내일채움공제	5년 이상 장기재직한 핵심인력에게 중소기업과 핵심인력의 공동적립금과 복리이자를 성과보상금 형태로 지급하는 제도
	과학기술인공제회	과학기술인에 대한 생활안정과 복리를 도모하기 위해서 설립된 공제기구
	사내근로복지기금	근로자의 복지를 위해 기업이 이익금을 출연해 조성한 기금
일·생활 균형제도	일·생활균형캠페인 참여 기업	기업의 일하는 방식과 문화를 개선하고자 고용노동부에서 시행하는 '일·생활균형캠페인' 참여기업(고용노동부 승인)

* 출처: 중소기업 성과공유제 활성화 방안, 중소기업연구원, 2016
* 대중소기업 상생협력 촉진에 관한법률 제8조(상생협력 성과의 공평한 배분)의 성과공유제와는 다른 제도임

。

-

⟨중소기업 성과공유제 도입현황 및 계획⟩

제도명	도입 여부	주요내용	실적*
내일채움공제	완료('16.10)	정관 취업규칙 등 내부 규정과 주요내용을 발췌하여 기재	근로자 2인 적용
스톡옵션	완료('17.06)	'17.6월 제도도입 이후 기업 주주총회를 통해 스톡옵션 부여	총 ○명, ○○○주 (○○○○원) 행사
사내근로복지기금	예정('17.06)	기금조성 및 기금법인 설립, 운용규정 마련	○○백만 원
...			

4. 팀 구성(Team)

4-1. 대표자·직원의 보유역량

◦ 대표자 현황 및 역량

4-1-1. 인적사항

성명	국 문	홍 승 민 (한문) 洪 承 民	생년월일 (성별)	780304 (남)
	영 문			
직장	기관명		전 화	
	부 서	-	F A X	
	직 위	대표이사	휴대전화	
	주 소		E-mail	

4-1-2. 학 력

연 도	학교명	전 공	학 위
1978	청주대학교	영미어문	학사
2013	건국대학교	MOT MBA	석사
(최종학위논문명)			

4-2-3. 경력

연 도	기 관 명	직 위	비 고
1990~2006	삼성전자	사원-부장	
2007~2014	중국 삼성전자	부장-상무	

4-2-4. 수상경력

연 도	수 상 명	수상내용
2012	- 경영 혁신 우수상	- SCM 혁신

4-2-5. 대표 실적 사항(수출판매 중심)

번호	프로젝트(제품)	국가	사업기간	실적 / 단위 억	비 고
1	○○○○○○	독일	2007-2014	연 00억	

○ 직원 현황 및 역량

순번	직급	성명	주요 담당업무	경력 및 학력 등	채용연월	일자리 안정 자금 수혜여부
1	이사	홍승민	국내총괄	………	'16.08	X
2	과장	홍영준	개발총괄	………	'16.08	X
3	과장	문미향	영업총괄	………	'18.06	○
4	사원	오정하	해외관리	………	'19.07	○

○ 추가 인력 고용계획

순번	주요 담당업무	요구되는 경력 및 학력 등	채용시기	청년 여부 (만 39세 이하)
1	설계직	AUTOCAD 솔리드웍스	'20.7	○
2	프로그램 개발	자바, C, C++	'20.9	○

◦ 업무파트너(협력기업 등) 현황 및 역량

순번	파트너명	주요역량	주요 협력사항	비고
1	○○○대학		테스트 장비 지원	~'18.12

대표이사 및 직원 경력을 적을 때에는 일단 많이 적는 것이 좋습니다. 많이 적는다는 것의 의미는 '우리는 이미 검증된 팀원이다'라는 것을 보여 주기 위함입니다. 인력사항에는 특별한 작성방법은 없습니다.

4-2. 자사의 기술개발 역량 및 기술보호 노력

◦ 기술개발 역량

- 보유 장비

구분	시설 및 장비명	규격	구입가격* (백만 원)	구입년도	용도 (구입사유)	보유기관 (주관형태)
기보유 시설· 장비 (활용가능 기자재 포함)	생산공장	380m²	600	2017	제품생산을 위한 공장	자사보유
	PLC 테스트 킷	1000X500X300	10	2017	PLC 사용 테스트용	자사보유
	프로그램 개발 PC	I7급	2	2017	프로그램 개발용 PC	자사보유

- 보유 특허

특허명	등록일	소유자	발명자	특허 형태	권리 범위	특허 기간	보유국가
이동로봇의 위치인식 장 치, 방법 및 이동로봇	2014.10.23	가온누리 시스템	김학일 외 4명	특허	-	-	대한민국
이동 객체를 추종하기 위한 이동로봇 제어 장치, 방법 및 이동로봇	2015.01.20	가온누리 시스템	김학일 외 4명	특허	-	-	대한민국

특허명	등록일	소유자	발명자	특허형태	권리범위	특허기간	보유국가
무인운반차를 이용한 가스실린더 관리 시스템 및 방법	2019.08.09	가온누리 시스템	이병수, 장용순	출원	-	-	대한민국
대용량 가스 배럴의 교체 시스템	2020.05.08	가온누리 시스템	이병수, 장용순	출원	-	-	대한민국
제조설비의 가스공급 장치	2020.07.08	가온누리 시스템	이병수, 장용순	출원	-	-	대한민국

○ 기술보호 노력

대 중소기업협력재단으로부터 컨설팅 받은 확인서류 이미지 첨부

대 중소기업협력재단을 통해 기술보호 컨설팅을 받았습니다.

4-3. 사회적 가치 실천계획

○○○○ 사는 스톡옵션 제도와 내일채움공제를 진행하고 있습니다.

	수여자 / 직책	지급시기	항목
1	○○○○ / 과장	'19년 08월	내일채움
2	○○○○ / 과장	'19년 08월	내일채움

기술개발 역량부분은 물리적인 시설물과 그리고 현재 확보한 특허에 대해서 서술합니다. 만약 특허가 없으시다면 최소한 특허출원이라도 하셔야 합니다. 말로써 글로써 '~~~ 하겠다'가 아니라 '현재 확보했다'가 중요합니다.

다음으로 기술보호 노력은 외부/내부로부터 기술보호를 어떻게 진행하느냐인데, 특별한 기술보호 노력을 하지 않으셨다면 위 작성된 기관에 의뢰하시어 컨설팅을 받으십시오. 무료로 진행이 됩니다.

마지막으로 사회적 가치 실천 계획은, 이 부분을 선호하지 않는 기업들이 많은 것으로 알고 있으나, 이 부분을 작성하지 않으시게 되면 평가 항목에서 좋은 점수를 받지 못합니다. 그래서 추천드리는 것은 실제 스톡옵션을 하는 것도 좋지만, 최소한 정관에 반영을 해서 '정관반영 완료'라고 명기하는 것이 최소한의 조건입니다. 이외에 사회적 가치 실천에서는 정부 가이드로 주는 것을 확인하시어 적합한 것을 진행하시는 것이 좋습니다.

15

최종 사업계획서 확인 그리고 발표를 기다리면서

최종 사업계획서 확인 그리고 발표를 기다리면서

사업계획서를 완성하고 나면, 왠지 모를 불안감에 작성한 글을 확인하게 됩니다. 우리는 이때 작성한 글을 확인하면서 부족한 부분을 채우고 필요 없는 부분을 삭제하게 됩니다. 작성한 사업계획서를 확인하면서 다음과 같은 일들을 진행해야 합니다.

(1) 사업계획서의 전체 맥락 확인
(2) 맞춤법 확인 및 숫자, 오탈자 확인
(3) 가점사항, 첨부서류 확인하기
(4) 공고문 확인하기

(1) 사업계획서의 전체 맥락 확인

 창업진흥원 사업계획서 양식을 보면, 문제인식에서 출발해서 실현가능성 그리고 사업화 가능성을 봅니다. 사업화 가능성은 재무적인 부분과 영업적인 부분 그리고 팀 역량을 봅니다. 이를 평가위원 입장에서 보면 내용이 너무 길고 복잡하다고 느낄 수 있습니다. 그래서 저는 문제인식 단계에서 내가 개발할 제품 및 서비스를 강조하고 이것이 필요한 이유에 대해서 설명하면서 실현가능성에서는 이 제품을 위해 지금까지 얼마큼 개발을 했고 앞으로 얼마큼 개발을 해야 하는데 그 개발할 목표는 수치로 된 '정량적' 목표를 중심으로 표현을 합니다. 그다음이 시장성하고 우리 팀원에 관한 내용을 이야기하는 것입니다. 이러한 맥락에서 작성하신 글이 내용이 맞나 안 맞나를 확인하시며, 불필요한 부분 즉 글의 맥락상 흐름을 방해하는 요소들이 어떤 것이 있나 확인하셔야 합니다. 이를 짧게 말씀드리면,

 '서론-본론-결론'이 아니라

 '결론-결론보충-본론'이 됩니다.

 간혹, 아니 많은 분들이 서비스를 또는 제품을 개발하게 된 동기에 대해서 설명하시느라 많은 부분을 소비하는데, 개발동기 즉 문제인식에서 요구하는 것은 '왜 만들 거야?'라고 물어보기보다는 '뭐 만드는데?'라는 것이 바람직합니다. 이유는 평가위원이 하루에 평가하는 과제 수가 매

우 많습니다. 안타깝게도 우리가 노력해서 작성한 사업계획서를 평가위원은 20분~30분 만에 평가를 완료합니다. 참 안타깝습니다. 하지만 이것이 현실이므로 현실에 대응해서 사업 글을 읽는 사람 입장에서 생각하고 작성해야 합니다. 이러한 것이 맥락적으로 자연스럽게 연결이 되어야 합니다.

(2) 맞춤법 확인 및 숫자, 오탈자 확인

맞춤법 및 오탈자는 매우 중요합니다. 특히 숫자가 틀린 건 치명적입니다. 보고 또 보고 또 봐도 결코 나쁘지 않습니다. 꼭 확인하셔야 합니다.

(3) 가점사항, 첨부서류 확인하기

사업계획서가 사실상 마무리가 되었으면 이제 가점사항을 확인하셔야 합니다. 과거에는 구체적으로 3~4년 전만 해도 가점사항이 과제의 당락을 결정하는 데 크게 적용되는 것은 아니었지만, 최근 1~2년 트렌드를 보니, 이 가점사항이 매우 중요해졌습니다. 그러니 가점사항 목록을 확인하시고 꼭 준비하셔야 합니다. 더불어 첨부서류도 꼭 확인하셔야 합니다.

(4) 공고문 확인하기

사업계획서를 작성하기 앞서서 반드시 공고문을 확인하셨을 것인데, 사업계획서가 완성이 되고 난 다음에 다시 한번 천천히 정독하시는 것을 추천드립니다. 이유는 처음 과제를 기획했을 때하고 사업계획서가 마무리 되고 난 다음하고 기획의 방향성이 조금 변화해 있을 것이기 때문입니다. 이 변화라는 것은 기존에 생각하던 것에서 더 보충되었을 수도 있고 아니면 약간 방향이 수정되었을 수도 있습니다. 이러한 보충되고 변경된 것들이 사업공고와 얼마나 차이가 나는지 또는 최초 접수하려고 했던 분야하고 다른지 같은지 최종적으로 확인하게 됩니다. 이 과정을 통해서 때론 내가 접수하고자 했던 사업과 달라질 수도 있고 그 달라짐은 과제의 선정확률을 올리는 것에 가까울 것입니다.

(5) 발표를 기다리면서 해야 할 것들

이제 과제 접수를 마무리하고 1차 통과를 기다리시면서 해야 할 것이 있습니다.

먼저, 최소 2~3일간 다른 업무에 집중하시는 것을 권장해 드립니다. 사업계획서를 준비하시면 아무리 적게 잡아도 1주일 이상 초 집중상태였을 것입니다. 그리고 그 결과물을 등록하였으니 최소한 2~3일 정도는 다른 일을 하시면서 머릿속을 비워 두셔야 합니다.

그다음이 다시 사업계획서를 처음부터 읽어 보는 것입니다. 그럼 보이기 시작합니다. 어디가 어설프고 어디는 매력적이고, 지금은 이런 것을 해야 할 시기입니다. 이런 과정을 거쳐서 다시 한번 사업계획서를 보충하시고 다음 작업으로 들어가는 것입니다.

- PPT 준비

분명 보충된 사업계획서가 있으니 이것을 기준으로 PPT 초안을 만들어 둡니다. PPT 초안만 만들어 두고 완성은 결과가 나온 다음에 작성하셔도 늦지 않습니다. 만약 우리가 운이 좋아서 1차 통과가 된다면, 그때에는 PPT 작업할 시간이 충분하지 않습니다. 코로나19와 같은 특별한 경우가 아니라면 아무리 늦어도 2~3주 안에 발표일자가 정해집니다. 제 경험에는 3일 뒤에 발표하라고 한 경험도 있습니다. 일찍 발표를 해야 하는 상황이면 연습할 시간이 부족하니 그것을 대비해서 미리 PPT 초안까지만 준비하시는 것을 권장해 드립니다.

- 지원 가능한 다른 사업 찾기

이미 사업계획서 한 부가 완성되었습니다. 이 사업계획서를 활용해서 다른 것도 지원하셔도 됩니다. 예를 들어 설명드리면, 스마트 농기계를 개발하시는 사업계획서를 작성하셨다면, 창업진흥원 이외, 중소기업진흥원, 농림수산부, 지방 테크노파크, 창조경제혁신센터 등 지원할 곳이 많이 있습니다. 물론 지원하시는 분야마다 사업계획서 양식이 달라 조금씩 편집은 필요하지만 우리는 이미 큰 의미에서 사업계획서가 완성되었으니 새로이 하나 만드는 것은 어렵지 않습니다. 그리고 이미 사업 신청했는데 다른 사업을 또 신청해도 되나요? 하고 물어보실 수 있는데 '당연히 됩니다'라고 말씀드립니다. 이유는 신청한 것과 선정된 것은 다릅니다. 만약 선정되었는데 동일한 아이템으로 다른 곳에 지원하셨다 하면 다른 곳에 중복 선정이 되었어도 포기하셔야 합니다. 하지만 우리는 선정된 게 아니니 선정될 때까지 다른 사업을 충분히 신청하셔도 좋습니다.

사족을 하나 하면서 마무리하겠습니다. 평가위원이 하루에 평가해야 하는 과제 수는 매우 많습니다. 그래서 제출된 사업계획서마다 집중도가 '똑같다'라고 말씀드리기는 매우 어렵습니다. 저 역시 그러니 말입니다. 그래서 우리 대표님들이 '접수 순서가 빠르면 평가위원이 빨리 봐서, 집중력 좋을 때 평가한다'라고들 하시는데 사실 평가위원 입장에서 먼저 평가하는 과제와 마지막에 평가하는 과제가 좀 더 집중되기는 하지만, 우리는 그 순서를 아예 통제하지 못합니다. 시스템상 그렇습니다. 절대 먼저 접수한다고 1번으로 평가하고 늦게 접수한다고 마지막에 평가하지 않습니다. 왜냐하면 과제를 평가위원에 배분할 때 간사가 임의의 조건으로 배분합니다. 그 임의 조건은 대표자의 이름순일지 아니면 접수번호 순서일지 아무도 모릅니다. 그때 그때 다를 수 있습니다. 그리고 한 가지 더 1차 서류 평가를 평가위원이 한 번에 12개를 한다고 가정하고 간사의 분배 기준을 접수순서든 가나다라 순서든 특정 순서로 볼 때 우리가 제출한 서류를 평가위원들이 빨리 보기 위해서는 1~3번째 접수 또는 13~15번째 접수를 해야 합니다. 우리가 이걸 통제할 수 있을까요? 수백, 수천의 사업계획서가 있습니다. 여기에서 우리가 숫자를 통제할 수 있을까요? 사실상 불가능합니다. 요행수도 없습니다. 그러니 유언비어 믿지 마시고 사업계획서 작성하시길 바랍니다.

16

대면평가 무엇을 준비하나?

16

대면평가 무엇을 준비하나?

1차 결과가 긍정적으로 나와서 대면평가를 준비하게 되었다면, 그 어려운 1차 허들을 통과하신 것입니다. 정부사업은 1차 통과가 제일 어렵습니다.

1차 발표가 나오자마자 바로 PPT 마무리 작업을 하시게 됩니다. 이때 우리가 주의해야 할 것은 무엇이냐 하면, 결코 PPT가 과제 당락에 큰 역할을 하지 않습니다. 단언할 수 있습니다. 과제 당락의 결정은 이미 제출한 사업계획서 기준이고 PPT는 그냥 참조적인 역할을 할 뿐입니다. 그리고 발표를 하면서도 중요한 것은 '질의답'이지 발표 내용이 절대 아닙니다. 제가 활동하는 커뮤니티에서는 이 발표자를 어떻게 잘 만들지에 대해 많이들 고민하고 연구하시는 분들을 매우 빈번하게 뵙는데, 답답하다는 생각만 듭니다. 제가 평가위원으로 활동하는데 홍승민이 전문가인데, 왜 제 말을 안 믿으시고 발표자료를 멋지게 만들려고 고생들을 하는지 도무지 이해가 가지 않습니다. 본 글을 읽으시는 우리 대표님들은 절대 PPT를 위해 발표 연습보다 더 큰 노력하지 마시고 발표 연습을 하시는 것을 추천드립니다.

발표 연습은 어떻게 무엇을 준비해야 할까요? 먼저 발표 시간을 보면 보통 5분 발표 10분~15분 질의답, 10분 발표에 10분 질의답으로 약 20분 정도 대면평가를 진행합니다. 시간에서 알 수 있듯이 질의답에서 모든 것이 결정됩니다. 그럼 질의답은 어떻게 준비해야 할까요? 당연하게도 사업에 대한 전반적인 사항들을 물어보고 답변하는 것입니다. 너무 당연하고 포괄적인 내용을 말씀드리는데, 구체적으로 어떤 질문들이 나오는지 보면 다음과 같습니다.

질문내용	질문의 목적
제품개발 목적	제품의 사업성을 확인했는지 판단하기 위해
핵심기능에 대한 질문	사업계획서 내용상 기능 설명이 부족하여
경쟁제품과의 차별점	서비스 및 제품에 대한 확고한 방향성 설정을 했는지 확인하기 위해
회사의 특장점	사업계획서상 특별한 실력이 없다고 판단하여 확인하기 위해
제품 및 서비스 개발 메커니즘 질문	실제 개발이 가능한지 불가능한지를 판단하기 위해

위 내용들은 반드시 나오는 질문 중 일부입니다. 특히 경쟁제품 및 서비스와의 차별성은 반드시 물어봅니다. 그리고 제품의 사업성 역시 물어봅니다. 구체적으로 알아보면 차별성 부분은 이미 대부분의 제품 및 서비스가 개발완료되어 판매되고 있는데 계획하고 있는 제품이 시중에 있는 제품과의 어떠한 차별성이 있느냐는 것입니다. 만약 차별성이 크지 않다면 지원해줄 의미가 없습니다. 그럼 차별성은 무엇이느냐 하고 반문하신다면 저는 앞서서 설명드린 것처럼 특허입니다. 예를 들어 보면

평가위원: 이 제품은 ○○○ 하는 제품으로 파악이 되는데 맞나요?
발표자: 네 그렇습니다. 또는 조금 다릅니다.
평가위원: 그럼 ○○○ 제품과 유사한 기능의 제품이 시중에 판매되는데 그들 대비 특장점은 무엇인가요? 또는 다르다고 하셨는데, 대표적인 차이점은 무엇인가요?

이런 질문들이 오고 갑니다. 그럼 우리는 어떻게 답변해야 할까요? 저는 다음과 같이 멘토링을 합니다.

'평가위원은 나와 갑을 관계가 아니고 동등한 입장입니다. 하지만 그들의 말은 절대적인 것이므로 반문하지 말아야 합니다. 그리고 습관적으로 '네, 위원님. 질문 감사합니다'라고 시작하셔야 합니다.'

가장 중요한 것은 '네, 위원님. 질문 감사합니다' 이 말이 습관처럼 나와야 합니다. 이 말을 하면서 '어떻게 답변해야겠다!'라고 작전을 생각하는 것입니다. 평가위원 입장에서 입바른 소리라도 감사하다고 하는데,

아무런 말 없이 바로 답변하는 사람이랑 감사하다 말하고 답변하는 것이랑, 어떤 게 더 긍정적일지는 굳이 설명하지 않아도 되는 사실입니다. 그럼 보다 구체적으로 생각해야 할 것이 미리 예상질문지를 만들어서 답변 연습을 하는 것입니다. 특히 제품의 기술적인 부분들은 별도의 장표를 만들어서 준비해 두었다가, '네, 위원님. 질문 감사합니다. 저도 위원님과 같은 생각이었는데~~~' 하면서 해당 장표를 보여 주면서, '제가 이 부분은 이렇게 생각을 하고 현재 이런저런 방향으로 가고 있습니다'라고 하면서 보여 주는 것입니다. 그럼 그 장표를 보고 '이 방향성은 좋다 나쁘다' 등등 이야기를 합니다. 설사 그것이 부정적인 말을 하더라도 '네, 위원님. 저는 위원님과 같은 생각을 못 했습니다. 말씀 감사하고 그 방향성도 적극 검토해야겠습니다'라고 답변하면 됩니다.

발표 평가가 끝나고 나면 발표를 마치고 온 대표님들 중 꼭 하시는 말씀이 '평가위원들이 뭘 안다고 말도 안 되는 질문을 하는지 답답하고 자질이 의심스럽다'라고 하십니다. 근데 이런 말씀을 하시는 분들의 공통점은 과제에 탈락하신 분들이라는 것입니다. 탈락했으니 말이 많은 겁니다. 물론 평가위원들이 발표자보다 모릅니다. 발표자는 많은 시간 자신의 아이템을 연구하고 개발했으니 당연히 많이 아는 것이고 평가위원은 딱 10분 만에 어떤 것인지 파악해야 합니다. 정확하게 알 수가 있을까요? 조심스럽게 제 경험을 말씀드리면, 창업진흥원에서 발표하시는 분들의 아이템은 파악하고 있는 제품들이 대부분입니다. 단체 멘토링을 나가게 되면 많은 경우 하루에도 3~4기업씩 꽤 깊이 있는 아이템 연구를 같이 합니다. 아무리 새로운 아이템이 등장해도 5분이면 웬만한 것들이 파악이 됩니다. 다만 질문을 하는 이유는 정말 성의 있게 준비를 했는지, 사업의 의지가 확실한지를 확인하기 위해 질문하는 것입니다. 간혹 자신이 알지 못하는 새로운 아이디어가 나왔을 때 신기해서 질문을 하기는 합니다. 하지만 이런 질문은 단순 호기심인 경우도 분명 있습니다. 그렇기에 발표자리에서는 얼마나 성의 있게 준비하고 의지가 확실한지를 보여 줘야 하며 그런 준비와 의지는 미리 연습해서 가는 것입니다.

전혀 예상하지 못한 질문이 나왔을 때에는 어떡해야 할까요? 예상하지 못한 질문이 나오면 등에 식은땀이 납니다. 이때도 다 방법이 있습니다. '네~ 위원님. 질문 감사합니다. 위원님이 질문하신 ○○○○에 대한 부분은 음~~~' 하고 시간을 끌면서 답변할 거리를 찾는 것이고 답변할 거리를 못 찾으면 '사실 위원님과 같이 말씀해 주시는 분이 주위에 없어서 준비는 못 했지만, 분명 소비자들은 그렇게 생각할 것 같습니다. 말씀 감사드리고, 관련해서는 전문가 멘토링을 받아서라도 빠른 시간 안에 보완해야 성공할 것 같습니다'라는 식으로 답변을 하십시오.

대면평가는 하나의 쇼입니다. 정말 잘 짜여진 쇼입니다. 그러기에 잘 짜여지기 위해서는 연출이 잘 되어야 합니다. 그리고 우리 대표님들은 연출자이자 배우입니다. 관객은 바로 평가위원입니다. 관객이 재미가 없고 흥미가 없으면 아무리 의미 있는 행위라도 외면받습니다. 우리는 외면받지 않기 위해서 모든 것들을 연출해야 합니다. 대면평가를 잘하기 위해서는 옷차림, 발음, 관객 리액션에 대한 반응, 머리 모양 등 모든 것을 연출하십시오.

마지막으로 당부 말씀드리는 것은 절대 대면평가에서 자신의 자존심을 위해 흥분하시면 안 됩니다. 평가위원이 말도 안 되는 이야기를 할지라도 의연하게 답변하셔야 합니다. 발표자의 말 한마디에 5천만 원 7천만 원이 왔다 갔다 합니다.

초기 창업에 성공하시어 꼭 사업 번창하십시오.